결혼,
준비
됐나요

Originally published in the USA
By Gospel Light, under the Title: Preparing for Marriage Study Guide
By David Boehi, Brent Nelson, Lloyd Shadrach, and Jeff Schulte
Copyright © 2010
FamilyLife is a ministry of Campus Crusade for Christ

본 저작물의 한국어 저작권은 CCC 산하 FamilyLife의 위임을 받은
FamilyLife Korea에 있으며, 판권은 순출판사가 소유합니다.
저작권법에 의하여 한국 내에서 보호를 받는 저작물이므로
무단 전재와 복제를 금합니다.

결혼, 준비됐나요

2018년 1월 22일 개정판 1쇄 발행
2023년 9월 15일 개정판 2쇄 발행

지은이	데니스 레이니 외
발행처	순출판사
감수	FamilyLife Korea
편집	라태화, 김효윤
디자인	김성령
주소	서울시 종로구 백석동 1가길 2-8
전화	02-722-6931~2
인터넷	www.soonbook.co.kr
등록	제 2020-000159호
가격	13,000원

ISBN 978-89-389-0335-8

순출판사는 주님의 지상명령 성취와 한국 교회를 섬기기 위한
CCC의 문서 사역을 감당하고 있습니다.

결혼을 앞둔 이들이 알아야 할 모든 것

결혼,
준비
됐나요

데니스 레이니
데이빗 보히, 브렌트 넬슨
제프 슐트, 로이드 쉐드렉

순출판사

>> 추천사

현재 우리 한국의 가정들은 그 어느 때보다 도전과 위기에 직면하고 있습니다. 심각한 저출산, 높아지고 있는 이혼율, 그에 더해 '졸혼'(卒婚)이라는 신조어까지 등장한 것이 그런 상황을 방증하고 있습니다. 우리 사회를 이루는 가장 기본적인 공동체가 급속하게 무너지고 있는 것입니다. 이러한 문제는 교회 밖에 국한한 문제가 아닙니다. 흔들리는 부부, 깨어져 가는 가정의 문제는 교회 안의 성도들도 피해갈 수 없는 심각한 현상이 되어 버렸습니다. 그렇기에 많은 교회가 가정 사역을 전담하는 부서나 목회자를 세워 대처하고 있는 실정입니다.

탄생 이후 우리가 경험하는 만남 중에 예수 그리스도와의 만남을 제외한다면, 결혼을 통한 배우자와의 만남이 인간의 삶에 가장 큰 영향을 미칠 것입니다. 그러기에 하나님의 뜻에 맞는 배우자를 만나 결혼하고, 아름다운 가정의 행복을 가꿀 수 있도록 미리 준비하는 일의 중요성은 아무리 강조해도 지나치지 않습니다. 개인적으로 알던 믿음 좋던 형제 또는 자매가 결혼 후 맥없이 그리스도인의 빛과 향기를 잃어 가는 모습을 볼 때, 또는 그들의 가정이 위기나 파탄을 맞고 있다는 이야기를 들을 때, 안타까운 마음과 함께 그리스도인들이 경건한 가정을 세우도록 돕는 것이 교회 사역의 중요한 축이 되어야 한다는 것을 더욱더 깊이 느끼게 됩니다.

결혼 적령기의 형제, 자매들이 만나 건전한 이성 교제를 하는 것, 그런 가운데서 평생 배우자로 발전하는 것은 쉽지 않은 일일 수 있으나 매우 중요합니다. 그렇기에 짝을 만나 결혼을 준비하는 형제, 자매들에게도 실질적인 도움이 필요합니다. 이 책은 데이트 중이거나 결혼 준비를 하고 있는 분들에게 도움이 될 것이며, 결혼에 대해 중요하지만 간과하기 쉬운 부분들을 잘 짚어줄 것입니다. 결혼 전 많은 대화를 나누어야 하는 것은 알지만 구체적으로 무슨 이야기를 해야 할지, 어떻게 해야 할지 알지 못하는 형제와 자매들이 많기에 그렇습니다. 본서는 바로 그런 이들을 위한 것이라고 말할 수 있습니다.

갓 결혼한 부부나 교제 중인 커플끼리 사용할 수도 있고, 멘토 또는 주례자와 함께 과제들을 다루며 다양한 부분에서 꼭 필요한 도움을 받을 수 있도록 만들어져 있습니다. 그리고 우리 사회 속에 점점 더 늘어나고 있는 재혼자들을 위한 지침과 구체적인 토의 과제도 포함하고 있습니다. 이 책은 생각하는 그 사람과 결혼하는 것이 최선인지에 대해 가이드를 받을 수 있으며, 가정을 통해 이루실 하나님의 사명을 염두에 두고 선택하도록 도울 것입니다. 대인 관계의 핵심인 의사소통의 질을 향상시킬 수 있을 뿐 아니라, 서로 간의 친밀감을 높일 수 있는 방법도 제시합니다. 그에 더해 남편과 아내의 성경적인 역할도 배울 수 있으며, 부부가 살아가면서 겪을 수 있는 갈등을 해결하는 방법 또한 다루고 있습니다. 한 마디로 이 책은 가정을 파탄시키고 사람들의 마음을 황량케 하는 사탄의 전략에 대응하여, 결혼 적령기 청년들이 경건한 가정 문화를 세울 수 있도록 돕는 길잡이가 될 것을 확신합니다.

한국대학생선교회(CCC) 대표
박성민 목사

>> 들어가는 글

　아칸소 대학에서 졸업한 지 얼마 되지 않았을 때, 여자 친구 한 명이 상담을 요청해왔다. 당시 그녀가 사귀고 있던 남자는 나와 가장 친한 친구였기 때문에, 나는 그 둘의 사정을 이미 잘 알고 있었다. 그녀는 그와 결혼하고 싶어 했지만, 그가 그녀에게 기꺼이 헌신할 수 있을지 확신할 수 없었다. 어떠한 이유에서였는지 나는 그 둘이 결혼을 하는 게 과연 옳은 일인지 의구심이 들었다. 그래서 그녀가 상담을 요청해왔을 때 최근에 들었던 이야기를 들려 주었다.

　조니라는 소년이 집 앞마당에서 구슬치기를 하며 놀고 있었다. 그때 조니의 삼촌이 집에 방문했고, 삼촌은 조니와 잠시 놀아주기로 했다. 주머니에서 10센트짜리 동전 하나와 1달러짜리 지폐 한 장을 꺼낸 삼촌은 이렇게 물었다. "조니, 오늘 10센트를 가질래? 아니면 다음 주에 1달러를 가질래?"
천진난만한 조니의 눈동자가 반짝거리는 동전과 빳빳한 지폐 사이를 왔다 갔다 하며 바쁘게 움직였다. '지금 10센트를 받으면 감자칩 한 봉지를 살 수도 있고, 기다렸다가 다음 주에 1달러를 받으면 고무공 하나를 살 수도 있어.'라고 조니는 생각했다. 하지만 배가 고팠던 조니는 결국 10센트 동전을 선택했고, 감자칩을 사서 한입에 먹어 치웠다. 감자칩은 굉장히 맛있었다.
일주일이 지난 어느 오후, 밖으로 놀러 나간 조니는 동네 남자 아이들이 모두 고무공을 가지고 있는 것을 발견했다. 고무공이 너무나 갖고 싶었던 조니는 자전거를 타고 삼촌 집으로 달려갔다. 조니가 물었다. "삼촌, 그때 약속하신 1달러 주시면 안 돼요?" 하지만 삼촌은 이렇게 말했다. "조니, 내가 약속했던 건 그날 받을 수 있는 10센트와, 그다음 주에 받을 수 있는 1달러 중 하나였어. 넌 이미 선택을 했잖니. 이제 다시는 그 1달러를 받을 수 없단다."

이야기를 끝내고 나서 나는 그 친구에게 물었다. "너는 크신 하나님께서 지금의 남자친구보다 더 사랑하게 될 사람을 예비해 주실 수도 있다는 것을 믿니?" 그녀는 잠시 생각하더니 그렇다고 고개를 끄덕였다.

나는 그녀에게 말했다. "그럴 거야. 전능하신 하나님께서는 너의 현재 남자친구가 10센트임을 알고 계실 것이고, 너를 위해 1달러를 예비해두셨을 거야."

이 이야기의 결말을 이미 눈치챈 분들도 있을 것이다. 내게 상담을 요청해왔던 바바라 피터슨은 나의 가장 친한 친구와 결혼하지 않기로 결정했다. 그 후 1년 뒤, 그녀는 나의 아내가 되었다. 사람들은 내가 아내를 상담해 주었을 때, 전혀 다른 의도를 품고 있지 않았다는 사실에 지금까지도 굉장히 의아해한다.

가끔씩 나와 내 아내는 오래된 결혼 사진을 꺼내어 젊은 날의 우리를 신기하게 바라보곤 한다. 사진 속의 우리는 가족들과 포즈를 취하고 있기도 하고, 결혼 서약을 읽고 있기도 하다. 케이크를 자르고 있는 사진도 있다.

그때 내가 느꼈던 안도감이 아직도 생생하게 기억난다. '우리가 해냈어! 드디어 끝이다!' 6주간의 약혼 기간 동안 쉴 틈 없이 준비 과정에 전념해왔기에 우리는 육체적, 그리고 정신적으로 무언가를 해냈다는 성취감에 사로잡혔다.

당시 우리가 해낸 것이 어떤 의미였는지 우리는 알고 있었을까? 그리고 우리가 한 서약이 어떠한 서약이고, 무슨 의미를 가지고 있었는지도 과연 알고 있었을까?

실제로 우리의 결혼식은 단순히 약혼의 완성이 아니었다. 새로운 삶의 시작이었다. 하지만 우리는 어떠한 삶이 우리를 기다리고 있는지 전혀 알지 못했다. 결혼 생활에 대해서도 모르는 것이 너무나도 많았다.

우리는 다른 커플들과 마찬가지로 이상적인 삶만을 꿈꾸며 현실에 대해 알지 못한 채 결혼 생활을 시작하였다. 우리는 별 문제 없이 잘 살아갈 것이라고 믿었던 것 같다. 그리고 여러 고비를 겪은 후에야 견고한 결혼 생활을 위해서는 헌신, 희생, 그리고 노력이 필요하다는 것을 깨닫게 되었다.

늦은 밤의 토론

결혼 후 1년간 우리는 콜로라도주의 볼더(Boulder)에서 살았다. 그 지역은 겨울이 몹시 추워서 전기담요가 생존을 위한 필수품일 정도였다. 따뜻하게 데워진 전기담요 밑으로 미끄러지듯 들어갈 때의 그 행복감이 아직까지도 기억이 난다. 하지만 무슨 이유였는지 우리 둘 다 자려고 눕기 전에 집 안의 불을 끄는 것을 잊곤 했다. 따뜻한 담요 안에서 서로를 껴안으면서 편안한 자세로 있다 보면 바바라가 입을 열었다. "여보, 불 다 껐어요?"

그러면 나는 그 따뜻하고 편한 침대에서 맨발로 내려와 차가운 아파트 바닥을 여기저기 다니며 아내가 켜놓은 모든 불을 껐다. 그래도 이런 일이 자주 일어나지는 않았기 때문에 나는 크게 개의치 않았다. 그러다 몹시 피곤했던 어느 날 밤, 나는 쓰러지듯이 몸을 침대 위로 던졌다. 그리고 깊은 잠에 빠지려는 순간에, 아내가 나를 쿡 찌르더니 말했다. "여보, 불 안 끄고 올 거예요?"

나는 낮게 잠긴 목소리로 말했다. "오늘은 당신이 불 좀 꺼줘요." 그러자 아내가 대답했다. "그건 당신이 할 일이라고 생각해요. 우리 집에서는 항상 아버지께서 불을 꺼주셨거든요."

그 순간 모든 잠이 달아났다. 그리고 지난 몇 달간 내가 왜 가벼운 동상에 시달려왔는지 그 이유를 깨닫게 되었다. 나는 아내에게 "난 당신의 아버지가 아니야!"라고 쏘아붙였다.

그러고 나서 우리는 늦은 밤까지 서로에게 무엇을 기대하고 있었는지 이야기했다. 아내는 그녀의 아버지가 항상 해왔던 대로 내가 해주길 바랐고, 나는 누가 해왔든지 상관없이 그녀가 해주길 바랐던 것이다.

하지만 이 갈등은 상대적으로 해결하기 쉬운 문제였다. 같은 해, 꿈같던 신혼 생활의 설렘이 점점 사라져가고 평생을 함께하겠다고 맹세한 결혼이라는 현실에 눈을 뜨게 되면서 더 심각한 갈등이 생겨나기 시작했다.

아내는 나와 함께 있을 때 말수가 적은 스타일이 아니었다. 오히려 나보다 말수가 많은 편이었다. 하지만 파티를 가거나 사람이 많은 모임에 가게 되면 상황은 바뀌었다. 내가 신나게 파티를 휘젓고 다니는 동안 아내는 내 뒤만 졸졸 따라다니면서 거의 한 마디도 입 밖에 내지 않았다.

나는 숨이 막혔다. 아내가 내 곁에서 한 발짝도 떨어지지 않는 그림자 같이 느껴졌다. 사실 처음 아내에게 끌렸던 이유는 나의 부족한 부분을 그녀가 채워줄 수 있고, 반대로 아내의 부족한 부분을 내가 채워줄 수 있기 때문이었다. 그렇기에 우리는 완벽한 팀을 이룰 수 있었다. 하지만 어쩐 일인지 그러한 부분이 더 이상 매력적으로 다가오지 않았다. 우리는 단지 서로 너무나도 다를 뿐이었다.

아내 또한 숨이 막히기는 마찬가지였다. 하지만 이미 우리는 결혼을 했고, 같은 집에서 함께 살고 있었다. 결국 아내는 화장실에 들어가 문을 잠그고 혼자 생각에 빠졌다. '난 대체 어떻게 해야 하는 거지? 여기서 도망갈 수는 없어.'

그때 우리의 결혼 생활은 중대한 기로에 놓였다. 서로의 차이점과 결점을 받아들일 것인지 하나님 앞에서 결정해야 했다. 1972년 9월 2일, 우리는 그렇게 하겠노라고 이미 목사님 앞에서 언약했지만, 이제는 그 언약이 순식간에 물거품이 될 수도 있는 상황이었다.

다행히도 우리는 올바른 결정을 내렸다. 하나님께서 우리를 함께 부르셨음을 알기에 믿음으로 서로를 받아들이기로 한 것이다. 비록 결혼 생활을 시작하기 위한 준비는 미숙했지만, 처음부터 우리 관계의 버팀목이 되어준 가장 중요한 사실이 하나 있었다. 바로 우리가 하나님과 함께 동행하면서 우리의 삶을 향한 그분의 뜻을 따를 수 있기를 항상 갈망했다는 것이다. 그리고 그 사실이 우리를 점차 변화시켰다.

결혼식보다 결혼 생활을 준비하라

    이제 여러분도 나처럼 결혼이라는 여정을 시작하고자 한다. 약혼을 했거나 결혼을 진지하게 고려하는 중이라면 평생을 사랑하는 사람과 함께 할 생각에 가슴이 설렐 것이다. 하지만 마음속을 깊이 들여다보면 결혼에 대한 불안감 또한 자리 잡고 있음을 알 수 있다.

    그 어떠한 인간관계도 결혼 언약이 가져다주는 친밀감과 일체감, 하나 됨을 따라갈 수 없다. 그리고 그 어떠한 관계도 결혼만큼 많은 양보와 어려움, 그리고 마음의 상처를 동반하지 않는다.

    이러한 문제들을 모두 피할 수는 없다. 모든 커플은 각자 독특한 상황에 처해있기 때문이다. 그러나 이러한 문제에 미리 대비할 수는 있다.

    다시 말해, 이 책의 목표는 여러분이 철저하고 포괄적이며 심도 있게 결혼을 준비해나갈 수 있도록 돕는 것이다. 또한, 아내와 내가 결혼 전에 알았더라면 좋았을 것이라고 생각하는 내용들도 포함하고 있다.

    큰 보상이 기다리고 있는 일들이 으레 그렇듯 이를 위해서는 많은 노력과 장애물을 극복해야 한다. 이 책을 통해 어려움을 헤쳐 나가는 법을 배우길 바란다.

이 책을 통해 여러분이 얻게 될 것은 다음과 같다.

- 약혼자에 대해 상상했던 것보다 더 많이 알게 되고 약혼자가 자신을 더 잘 알게 되는 즐거움을 느낄 수 있다.
- 대화의 필요성은 느꼈지만 실제로 이야기하게 될 줄 몰랐던 주제에 대한 대화를 할 수 있다.
- 결혼과 관련된 하나님의 말씀을 듣고 이를 적용하거나 경험할 수 있다.
- 교제하는 사람과 결혼을 해야 하는지, 하지 말아야 하는지에 대한 확신을 가질 수 있다.
- 결혼 생활을 영위하는 데 기본적으로 필요한 능력을 배우고 적용할 수 있다.
- 중요한 의사소통 능력을 지니게 된다.
- 결혼 생활에서 각자 지닌 핵심적 역할의 중요성을 배우게 된다.
- 참된 성적 친밀감과 정신적이고 육체적인 교감에 대한 하나님의 계획을 알게 된다.
- 결혼 여정을 준비하면서 여러분에게 도움을 주거나 조언을 해 줄 수 있는 멘토 커플과 연결될 수 있다.

여러분의 성공적인 결혼 생활을 위해 만들어진 이 책은 쉽게 읽을 수 있는 책이 아니다. 여러분은 대답하기 쉽지 않은 질문들과 받아들이기 어려운 조언을 듣게 될 것이다. 그리고 결혼에 대해 여러분이 가지고 있는 선입견 및 하나님의 말씀을 다룬 질문에 대답하게 될 것이다. 그리고 이러한 과정 속에서 여러분은 스스로 진정한 내면을 바라볼 수 있는 기회를 얻게 된다.

이 책을 참되고 온전하게 끝내기 위해서는 책 읽는 것을 우선순위로 두고 이에 필요한 시간을 미리 계획해두는 노력이 필요하다. 그리고 가장 중요한 것은 책을 읽어가는 도중 어려움에 부딪혀 그만두고 싶을 때 그 과정을 끝까지 견딜 수 있는 헌신이다.

이러한 헌신을 할 준비가 되었다면 지금 '예비부부 서약문'에 서명하길 바란다. 이 서약문을 통해 여러분과 약혼자는 미래의 결혼 생활을 위해 미리 노력을 기울이는 것이 매우 중요하다는 사실을 계속해서 상기할 수 있다.

새로운 발견, 위험, 도전, 친밀, 헌신, 그리고 진리. 이 모든 것이 결혼을 이 세상에서 가장 멋진 것으로 만들어 줄 것이다. 이제 웃을 준비와 눈물 흘릴 준비도 하자. 그리고 배울 준비를 하자. 여러분이 이전에는 경험해 보지 못했던 관계의 즐거움을 경험하게 될 것이다.

FamilyLife 대표
데니스 레이니

예비부부 서약문

- 나는 이 책의 결혼 예비 과정을 전심을 다해 완료할 것이다.
- 나는 과제를 성실하게 수행할 것이다.
- 나는 이 과정을 나의 할 일과 일정 중에서 가장 높은 우선순위에 둘 것이다. 그리고 과정이 어려워지더라도 계속해서 진행할 것이다.
- 나는 이 서약을 내 약혼자와 미래의 결혼 생활에 대한 나의 헌신을 반영한 것으로 생각한다.

서명 _____

날짜 _____

서명 _____

날짜 _____

이 책은 크게 준비, 본문, 부록으로 이루어져 있다.

1. 준비

1부 '준비하기'에서는 서로에 대해 더 많이 배우고 결혼에 대해 어떠한 기대를 가지고 있는지 알 수 있도록 해주는 두 개의 활동으로 이뤄져 있다.

'개인의 삶 돌아보기'에서는 여러분의 과거에 대해 알아보고 약혼자와 함께 나눌 수 있는 여러 개의 질문으로 이뤄져 있다.

'결혼에 대한 기대'에서는 여러분이 어떠한 결혼 생활을 마음속에 그리고 있는지, 그리고 약혼자에게 바라는 점은 무엇인지에 대한 이해를 도와준다.

2. 본문

본문은 2부에서 4부까지의 내용이다.

2부 '기초놓기'에서는 결혼에 대한 하나님의 목적과 예비하심에 대한 개괄적인 내용을 다룬다.

3부 '확신갖기'에서는 여러분과 약혼자의 관계를 평가해보고, 어떻게 하면 성경에 근거하여 결혼에 대한 확신을 가질 수 있는지 배운다.

4부 '하나되기'에서는 결혼 생활에서 가장 중요한 항목인 의사소통, 역할과 책임, 재정, 그리고 성적 친밀감을 어떻게 다루어야 하는지 이에 대한 기본적인 정보를 제공한다.

각 장에서 배우게 될 것은 다음과 같다.

'방향 찾기'는 여러분이 다루고 있는 주제와 관련된 성경적 진리를 보여준다.

'생각해 보기'에서는 주제를 소개한 후, 질문과 연습 문제를 통해 주제와 그 중요성에 대해 이해하도록 한다.

'성경적 원리'에서는 결혼의 다양한 이면에 있어 주님의 원칙에 대한 성경적 진리를 탐구한다.

'The 아름다운 결혼을 위한 지침'에서는 각 장의 중요한 지침을 간략하게 나열한다.

'커플 활동'은 실제로 이야기를 나눠보는 부분이다. 각 활동은 다음과 같이 나뉘어 있다.

  - 진실한 대화: 토론을 이끌어내는 질문들로 이루어져 있다. 필요한

경우 심화 학습이 포함된다.
- **기도하기:** 함께 기도하고 영적 훈련을 하는 기회를 통해 앞으로의 결혼 생활이 성장할 수 있는 중요한 기회를 제공해 준다.
- **재혼자를 위한 특별한 질문:** 재혼일 경우 다뤄야 할 중요한 주제에 대해 상의할 수 있으며, 새로운 결혼을 앞두고 해결해야 하는 문제들에 대해 알아볼 수 있다.

3. 부록

부록은 각 장에서 필요한 심화 활동과 기타 도움이 되는 심화 활동으로 구성되어 있다. 이것을 통해 이 책에서 얻을 수 있는 지식을 더욱 풍부하게 만들 수 있다.

'인생지도', '순결 서약서'와 '역할 설명서', 그리고 '예산 책정하기'는 본문(2~4부)에서 필수적으로 다뤄야 할 심화 활동이다.

'부모의 지혜 전수받기' 부분은 여러분의 부모님과 배우자의 부모님에게서 격려 및 조언을 들을 수 있는 소중한 기회를 제공해 준다.

'커플 인터뷰'는 안정된 결혼 생활을 하고 있는 기혼 커플에게 조언을 들을 수 있도록 도와준다.

결혼을 진지하게 생각하는 사람을 가리키는 단어를 선택하는 데 많은 고심을 하였고, 이 책에서는 '약혼자'라고 쓰기로 하였다. 처음에는 어색하게 느껴질 수 있겠지만, 이 책의 과정을 계속 밟다 보면 어느새 익숙해져 있을 것이다. 본문에서 말하는 '약혼자'라는 표현은 남자와 여자 둘 다를 일컫는다. 이 책을 통해 최대의 효과를 보기 위해서는 당신과 약혼자 각각 한 권씩 책을 준비하는 것이 좋다.

멘토의 중요성

이 책을 처음부터 끝까지 정독하는 예비부부는 굉장히 뜻깊은 경험을 하게 될 것이다. 하지만 더 의미 있는 경험을 위해서 필요한 것이 있다. 바로 '멘토'이다. 멘토의 지도 하에 이 책을 공부하게 된다면 여러분이 얻게 되는 지식의 가치는 어마어마하게 커질 것이다. 멘토로는 사역자, 상담 전문가, 일반인 또는 일반 커플을 선택할 수 있다. 그리고 멘토가 예비부부 상담을 하는 데 필요한 안내서인 『결혼, 준비됐나요 지침서』라는 책 또한 출판되어 있다. (지침서는 FamilyLife Korea 02-397-6384로 연락하면 구입할 수 있다) 이 과정을 위해 사역자나 상담 전문가, 또는 기혼자 커플에게 멘토를 해 달라고 부탁해 보라. 여러분은 멘토의 삶을 들여다보고 이에 대해 질문할 수 있는 기회를 통해 행복한 결혼 생활이 어떻게 이뤄지는지에 대한 모범 사례를 배울 수 있을 것이다. 이러한 멘토와의 관계를 통해 여러분은 이 책에서 얻을 수 있는 그 어떤 것보다도 더 큰 가르침을 얻게 될 수도 있다.

혹시 혼자서 이 과정을 끝내려고 하는가? 그 전에 적어도 5년 이상 결혼 생활을 영위해 오고 있고, 여러분이 존경하는 경건한 커플을 떠올려 보길 바란다. 그리고 이 과정을 진행하는 동안 멘토가 되어달라고 적극적으로 부탁하라. 그들에게 『결혼, 준비됐나요 지침서』를 준비하고 이 책을 통해 이들의 결혼 생활을 함께 나누면서 여러분의 결혼 생활에 도움을 달라고 부탁하라.

소요 시간

이 책을 통해 최대한 큰 효과를 얻기 위해 필요한 것은 다음과 같다.

- 책을 시작하기 전에 시간 분배를 해서 적어도 결혼식 4주 전에는 마지막 장을 완료할 수 있도록 한다.
- 1부 '준비하기'는 2주 동안 하고, 2부~4부까지는 각 장마다 2주의 시간을 갖고 공부하는 것이 좋다. 그러면 과제를 완료할 시간도 주어지고, 이 과정을 통해 무엇을 배우고 알아가고 있는지에 대해 여러분의 약혼자와 함께 토론할 수도 있다. 또한 결정을 내려야 하는 사안들에 대해 충분한 시간을 가질 수 있으며, 다음 장으로 넘어가기 전 어려운 문제를 해결할 수 있는 시간도 갖게 된다.

각 장의 '생각해 보기'와 '성경적 원리'를 완료하는 데 한 시간, 그리고 '커플 활동'을 끝내는 데 추가적인 한 시간 정도가 걸릴 것으로 보인다. 어떤 부분은 더 많은 시간이 소요될 수도 있다.

특별히 '커플 활동'은 충분한 시간이 필요한 과정이다. 이 활동은 가장 핵심적인 부분이며, 많은 노력을 기울일 만한 가치가 있다. 그리고 이를 위해 다양한 토론 주제가 주어질 것이다.

방향 찾기

여러분이 나침반을 들고 방향을 살펴볼 때 나침반의 바늘이 북쪽을 향하고 있더라도 그것이 실제로 북극을 가리키고 있는 것은 아니란 사실을 알고 있는가?

북극은 지구에서 지리학적으로 가장 윗부분이다. 절대 변하지 않는 고정된 위치이다. 그래서 실제 북쪽은 '진북'이라고 불린다. 지도를 작성할 때는 이 진북을 기준으로 한다. 하지만 나침반은 진북을 가리키지 않는다. 대신 북극과 대략 2,100km 떨어진 자기장을 가리킨다. 이곳은 자기장이 가리키는 북쪽이라고 해서 '자북'이라고 불린다. 여기서 우리가 주목해야 할 점이 있다. 이 세상의 모든 조종사와 선장이 나침반이 가리키는 자북과, 지도가 가리키는 진북 사이에서 끊임없이 맞춰나가며 항해를 한다는 점이다. 만약 항해 시작 후 얼마 되지 않아 아주 미세한 각도라도 어긋난다면, 이후에 몇백 km의 차이로 목적지를 놓치게 될 수도 있다.

오늘날 세상에서 진리를 찾는 사람에게 진북은 참된 하나님의 말씀이라고 볼 수 있다. 이는 변하지 않으며, 확실하고, 절대적이기 때문이다. 지리적인 북쪽이 지구상에서 절대적인 지도의 역할을 한다면, 하나님의 말씀은 우리의 삶과 결혼 생활에서 그와 동일한 역할을 한다. 자북은 진짜 북쪽이 아니다. 나침반 위의 바늘은 자기장이 이끄는 곳을 북쪽이라고 가리키고 있을 뿐이다. 나침반을 통해서는 여러분이 가고자 하는 목적지로 갈 수 없다.

세상은 우리에게 견고한 결혼 생활을 영위하기 위한 많은 방법을 제시하고 있다. 하지만 이러한 방법들 중 대부분은 신뢰할 수 있는 해결 방법이 아니다. 이 책을 통해 견고한 결혼 생활을 위한 하나님의 말씀을 조금이나마 경험해보길 바란다. 올바른 방향을 찾아서 진북을 따라 항해를 계속해 나간다면 여러분은 진정으로 원하는 목적지에 도달할 수 있을 것이다. 이 책이 그 방향을 찾아가는 데 도움이 되기를 바란다.

추천사 · 4
들어가는 글 · 6
활용 방법 · 15

1부. 준비하기
준비하는 결혼이 아름답다

      27   1장. 개인의 삶 돌아보기
      41   2장. 결혼에 대한 기대

2부. 기초놓기
결혼을 알고 결혼하라

      61   1장. 왜 결혼인가?
      87   2장. 하나님의 결혼 방정식

3부. 확신갖기
한 번의 선택이 평생을 좌우한다

      113   1장. 관계 평가하기
      129   2장. 배우자 결정 가이드

4부. 하나되기
결혼은 예식이 아니라 생활이다

- 151   1장. 진실한 의사소통
- 173   2장. 남편과 아내의 역할
- 193   3장. 재정 원칙
- 215   4장. 성적 친밀감
- 237   결론. 결혼에 대한 확신

5부. 부록
심화 활동

- 245   1. 인생지도
- 251   2. 순결 서약
- 263   3. 역할 설명서
- 267   4. 예산 책정하기
- 273   5. 부모의 지혜를 전수받기
- 281   6. 커플 인터뷰
- 285   7. 근본적인 해결책

1부
준비하기

준비하는 결혼이
아름답다

행복한 결혼 생활만큼 사랑스럽고, 친근하며,
매력적인 관계나 교제, 혹은 만남은 없다.

- 마틴 루터 -

1장 개인의 삶 돌아보기

결혼 관계를 통해 얻을 수 있는 가장 큰 이점은 바로 서로에 대해 좀 더 알아가고 서로에게 자신의 진실한 모습을 보여주는 즐거운 경험이라고 할 수 있다. 하지만 결혼 전 교제를 할 때나 심지어 약혼을 한 상태에서는 이러한 경험을 하기 힘들다. 상대에 대한 모든 걸 알고 싶으면서도 한편으로는 만약 상대가 나에 대해 모든 것을 알게 되면 흥미를 잃을까 봐 걱정하기 때문이다.

여러분은 약혼자에 대해 이 세상 누구보다도 더 잘 알고 있다고 생각할지 모른다. 하지만 좀 더 심도 있게 서로에 대해 알 수 있도록 여러분의 과거에 대해, 그리고 그 과거가 현재에 어떤 영향을 미치는지 이 활동을 통해 이야기해 보자.

우리의 현재 모습은 과거를 통해 만들어진다. 과거에 일어난 일들은 우리의 행동, 성격, 감정, 의견, 그리고 신념에 영향을 미친다. 여러분은 약혼자와 서로 과거를 숨기지 않기로 약속했을 수도 있다. 하지만 그렇다 할지라도 여러분의 과거가 미래에 어떤 영향을 미치는지 알아보기 위해 필요한 시간을 충분히 갖지 않았을 수도 있다.

예를 들어, 오늘날 대부분의 커플들은 자신들의 결혼이 두 사람이 하나가 되는 것이라고 생각한다. 하지만 실제로는 두 사람뿐만 아니라 두 가정이 합쳐져 새로운 가정이 탄생하는 것이다. 따라서 서로의 가정이 새로운 가정에 영향을 미칠 수밖에 없으며, 이에 대한 이해와 계획이 필요하다. 이번 활동은 최소 두 시간이 소요될 것으로 예상되지만, 그럴 가치가 충분하다는 것을 깨닫게 될 것이다. 이 활동을 완료하면 미래 배우자와의 관계를 풍요롭게 해주는 소중한 가르침을 얻게 될 것이기 때문이다. 또한, 미리 처리하지 않으면 미래의 결혼 생활을 위태롭게 할 수도 있는 위험 요소들을 미리 제거할 수도 있다.

　시간을 갖고 최대한 꼼꼼하게 각 질문에 대한 대답을 빈 칸에 기록하기 바란다. 그리고 기록한 것을 복사하여 여러분의 멘토인 사역자, 상담 전문가, 또는 멘토 커플에게 전해주라.

이름 _____　　나이 _____

약혼자 이름 _____　　나이 _____

현재 직업 _____

현재 직장에서 일한 기간 _____

취미와 관심사 _____

결혼한 적이 있습니까?　　☐ 없다　　☐ 있다

결혼한 적이 있다면?　　☐ 이혼　　☐ 사별

이혼 또는 사별한 지 얼마나 되었는가? _____

섹션 1. 교제 경험

○ **현재 관계**

1. 어떻게 만나게 되었는가?

   _____
   _____

2. 상대의 어떤 점에 끌렸나?

   _____
   _____

3. 교제한 기간은 얼마나 되는가?

   _____
   _____

○ **친구 관계**

4. 친구 관계는 어떠한가? (택1)

   ☐ 원만하다. 전혀 문제없다.

   ☐ 그저 그렇다. 큰 문제는 없다.

   ☐ 쉽지 않다. 많은 노력이 필요하지만 그럴만한 가치가 있으며 이에 대해 만족한다.

   ☐ 암울하다. 항상 생각했던 것보다 더 힘들었다.

   ☐ 친구가 없다. 지금까지 진실된 친구를 사귀어 본 적이 없다.

   왜 위와 같은 선택을 하였는가?

   _____

5. 여러분과 가장 친한 친구 두 명은 누구인가? 왜 그들과의 관계가 특별한가?

_____

_____

그들과 언제부터 친구 관계를 유지하였는가?

_____

6. 친구들이 여러분을 다섯 단어로 표현한다면 어떤 것이겠는가?

_____

O 과거 연애 경험

7. 과거에 진지하게 교제했던 경험에 대해 나누어보자. 어떤 식으로 교제가 시작되었고, 진행되었으며, 끝나게 되었는지 간단히 서술하라.

_____

_____

_____

_____

8. '나는 단시간에 깊이 사랑에 빠지는 경향이 있고, 이 때문에 상처를 받는다.' 또는 '나는 관계에 있어서 항상 좀 더 헌신하는 쪽이다.'와 같이 당신은 이성과의 관계에서 어떤 패턴을 반복하는가?

_____

_____

○ 과거 결혼 경험이 있는 경우

    9. 왜 이혼을 하게 되었는가? 그 이유는 무엇인가?

    _____

    _____

    10. 이전 배우자와 화해를 시도해 보았는가? 그랬다면 어떤 방법을 시도하였는가? 그렇지 않았다면 그 이유는 무엇인가?

    _____

    _____

    11. 성경적 관점에서 재혼을 할 수 있는지에 대해 목사님이나 상담 전문가에게 상담해본 적이 있는가? 여러분이 내린 결론은 무엇인가?

    _____

    _____

    12. 여러분이 과거 결혼을 극복했으며 이제는 새로운 가정을 꾸릴 준비가 되었음을 확신한다면 그 이유를 세 가지 적어보라.

    _____

    _____

    _____

    13. 만약 확신하지 못한다면 그 이유는 무엇인가?

    _____

    _____

섹션 2. 가족

○ 가정 환경

1. 여러분의 어린 시절은 어땠는가?
   _____

   어린 시절 가장 좋았던 점과 힘들었던 점은 무엇이었는가?
   _____
   _____

2. 어린 시절 가정의 사회·경제적 배경은 어떠했는가? 지금은 어떤가?
   _____
   _____

3. 여러분이 성장한 가정의 정서적 환경은 어떠했는가?
   _____
   _____

4. 성장하면서 신체적, 정서적, 또는 성적 학대를 당한 적이 있는가?
   _____
   _____

5. 가족이 겪은 비극적인 사건이나 경제적인 어려움이 있었는가?
   _____
   _____

6. 한 세대에서 다음 세대로 이어지는 여러분 가족만의 관습이 있는가? 예를 들어, 어떤 가족은 고난의 상황에서 주님을 더 붙드는 경향을 세대에서 세대로 이어갈 수도 있고, 또 다른 가족은 어려운 문제를 회피하고자 술에 의존하는 습관을 계속해서 이어갈 수도 있다.

_____
_____

○ 부모님

7. 부모님의 결혼 생활을 몇 단어로 표현해 보라. 그 단어를 선택한 이유는 무엇인가?

_____
_____

8. 여러분의 아버지와 어머니는 부모로서 어떤 일을 잘하셨는가?

아버지	어머니

9. 부모로서 조금 다르게 대처했더라면 좋았을 것이라고 생각되는 부분은 무엇인가?

아버지	어머니

10. 부모님이 여러분에게 가장 큰 영향을 미친 부분은 무엇인가? (긍정적 또는 부정적)

아버지	어머니

11. 부모님께서는 각각 어떠한 역할을 맡으셨는가?

_____

_____

두 분의 결혼 생활에서 주도권을 잡으셨던 분은?
_____

부모로서 양육의 주도권을 잡으셨던 분은?
_____

두 분은 어떤 방법으로 결정을 내리셨는가?
_____
_____

12. 아버지와의 관계를 표현할 수 있는 형용사를 세 개 이상 고르고 왜 그 단어들을 선택했는지 이유를 설명하라.
_____
_____

13. 어머니와의 관계를 표현할 수 있는 형용사를 세 개 이상 고르고 왜 그 단어들을 선택했는지 이유를 설명하라.
_____
_____

14. 당신은 부모님과 어떤 점에서 닮았다고 생각하는가?
_____
_____

15. 그리고 어떤 점에서 다른가?

　　_____

　　_____

16. 부모님과 여러분 사이에 해결되지 않은 문제가 있는가? 어떤 것이 있는지 정확하게 말해보라.

　　_____

　　_____

17. 부모님께서는 여러분이 선택한 미래의 배우자에 대해 어떻게 생각하시는가?

　　_____

　　_____

○ 형제자매 및 친척 관계

18. 여러분과 형제자매간의 관계가 어떤지 평가해 보자.

	안 친하다			친하다	
형제자매 1: _____	1	2	3	4	5
형제자매 2: _____	1	2	3	4	5
형제자매 3: _____	1	2	3	4	5

19. 조부모님, 이모, 삼촌, 사촌 등 친척과 특별히 친분이 두터운 관계가 있다면 이야기해 보라.

　　_____

섹션 3. 영적 여정

1. 어떠한 종교적 양육훈련을 받아왔는가?
   _____
   _____

2. 여러분의 삶 안에서 하나님께서는 어떤 역할을 하시는가?
   _____
   _____

3. 여러분은 자신의 삶이 다하면 천국으로 가게 될 것이라고 얼마나 확신하는가?
   ☐ 전적으로 확신한다.
   ☐ 그럴 수 있다고 생각한다.
   ☐ 전혀 확신이 없다.

   이유는 무엇인가?
   _____

4. 지난 10년 동안의 영적 생활에 대해 설명하라. 영적으로 충만했던 시기는 언제였는가?
   _____
   _____

   영적으로 충만하지 못했던 시기는 언제였는가?
   _____

영적 성장을 이끌었거나 방해했던 것은 무엇인가?

_____

_____

5. 주님께 온전히 맡겨드리기가 어렵게 느껴지는 삶의 영역이 있으면 체크해 보자.

☐ 성생활 ☐ 비난   ☐ 인간관계 ☐ 정신생활
☐ 자신감 ☐ 미래   ☐ 걱정   ☐ 의사결정
☐ 재정   ☐ 분노   ☐ 직업   ☐ 부모님과의 관계
☐ 기타 _____

6. 여러분이 다니는 교회에서의 활동이 주님과의 관계를 얼마나 돈독하게 해주었는가? 그리고 다른 사람들을 그리스도께 인도하고 있는가?

_____

_____

섹션 4. 그 밖의 주제들

1. 여러분은 재정을 어떻게 관리해왔는가?

_____

_____

재정 관리에 있어 여러분의 강점과 약점은 무엇인가?

_____

현재 어떠한 종류의 채무를 가지고 있는가?
_____

2. 과거에 겪었던 건강 문제는 어떤 것이 있는가? (신체적 또는 정신적)
_____

현재 겪고 있는 건강 문제는 무엇인가?
_____

3. 직장에서 세운 가장 큰 공로는 무엇인가?
_____

4. 직장에서 가장 힘들었던 때는 언제인가?
_____

5. 여러분이 지금까지 한 일 중에서 가장 대담했던 일은 무엇인가?
_____

6. 여러분이 인생에서 세운 가장 큰 업적은 무엇인가?
_____

7. 인생에서 가장 크게 낙담했던 적은 언제인가?
_____

2장
결혼에 대한 기대

우리는 기본적으로 어떤 기대를 가지고 있지만, 그것을 인식하지 못하는 경우가 있다. 하지만 그것은 사람을 대하는 경우에도, 각기 다른 상황에서 반응하는 경우에도 매일 영향을 미친다.

우리는 결혼에 대해 각자 다른 기대치를 가지고 있다. 어떻게 살아가고, 행동하며, 소통할 것인지에 대한 그림이 머릿속에 그려져 있는 것이다. 그리고 이러한 기대치는 집안일을 분배하는 일상적인 것에서부터 누가 가정의 영적 지도자가 될 것인지에 대한 좀 더 깊은 의미를 가지는 일까지 포함한다.

노먼 라이트(H. Norman Wright)는 그의 저서 『결혼 생활의 열쇠-커뮤니케이션』에서 다음과 같이 말하고 있다.

> "너무 많은 커플들이 비현실적이고 막연한 기대감을 가지고 결혼을 한다. 이들은 자신들의 관계가 계속해서 로맨틱하게 유지될 것으로 믿는다. 한 청년은 나에게 '저는 제가 갈망하는 것들을 채워주는 결혼 생활을 원했어요. 안정적이고 누군가 저를 챙겨주는 삶, 그리고 지적 자극과 경제적 안정을 보장받는 삶을

원했지만, 실상은 전혀 그렇지 않았어요!'라고 말했다. 사람들은 결혼 생활에서 마법 같은 기적이 일어나길 바라고 있다. 하지만 결혼 생활은 마법으로 영위하는 것이 아니다. 오직 노력으로만 가능하다."

기대치가 표현되지 않을 경우 이는 결혼 관계에 부정적으로 작용한다. 충족되지 못한 기대치는 상대방에 대한 요구로 이어질 수 있고, 더 나아가 상대를 조종하려 할 수도 있다. 한 사람이 자신의 기대치를 채우기 위해 다른 사람을 조종하고, 조종을 당하는 사람은 이를 피하기 위해 애쓰게 된다. 주도권을 잡으려는 이러한 어리석고 무모한 갈등은 결국 결혼 생활을 불행으로 이끌 수 밖에 없다.

결혼을 하기 전까지 결혼에 대한 기대치를 모두 나눌 수는 없겠지만, 지금 어느 정도 그 기대치에 대해 나눠보는 것은 큰 가치가 있다. 기대치를 알아보는 과정에서 상대방의 기대에 어떻게 대응해야 하는지 배울 수 있고, 이를 통해 결혼 생활에서 실망감이나 환멸감을 느끼게 되는 일을 막을 수 있기 때문이다.

환상과 현실

1. 다음 문장에 대해 어떻게 생각하는가?
    a. 우리가 결혼한 후에도 이러한 사랑의 감정과 열정은 사라지지 않을 것이다.
    b. 결혼한 후에도 인생은 항상 재미있을 것이다.
    c. 결혼을 한다면 난 더 이상 외롭지 않을 것이다.

d. 나의 배우자가 내 기대치를 충족시켜 줄 것이다.
e. 내가 결혼을 한다면 내 배우자가 더 나은 사람이 될 수 있도록 내가 도울 수 있다.
f. 내가 기독교 신자와 결혼을 하게 된다면 내 결혼 생활은 문제가 없을 것이다.

위의 문장들은 어느 정도 사실을 바탕으로 이루어져 있다. 하지만 이에 대한 강한 믿음은 쉽게 실망과 환멸로 이어질 수 있다. 믿기 힘들겠지만 현재 여러분이 느끼는 사랑의 감정과 열정은 결혼 후 많은 부분 식어버릴 것이다.

인생에는 항상 즐거운 일만 있지 않다. 결혼을 하는 것은 배우자를 '기쁠 때나 슬플 때나' 그리고 '건강할 때나 아플 때나' 서로를 사랑하겠다고 맹세하는 것임을 잊어서는 안 된다.

○ 착각과 현실

오늘날의 문화는 결혼 생활의 로맨스와 판타지를 과장해 보여줌으로써 예비부부가 결혼에 대한 기대감을 갖는 데 일조한다.

2. 앞에서 언급된 여섯 개의 문장(a에서 f까지) 중 여러분과 약혼자의 관계 속에서 가능하다고 생각되는 것은 어느 것인가? 이야기해 보자.

_____
_____
_____

안내 지침

여러분은 이제 결혼에 대한 기대치를 알아보고 함께 나눠보는 활동을 시작할 것이다. 빌립보서 2:3~4 말씀은 당신에게 어떠한 태도가 필요한지 지침을 보여주고 있다.

> "아무 일에든지 다툼이나 허영으로 하지 말고 오직 겸손한 마음으로 각각 자기보다 남을 낫게 여기고 각각 자기 일을 돌볼뿐더러 또한 각각 다른 사람들의 일을 돌보아 나의 기쁨을 충만하게 하라"

3. 다음 문장을 완성하라.
만약 나의 기대치 중 하나가 충족되지 못한다면 나는….

_____

_____

기독교인의 삶은 궁극적으로 '나'에게 초점이 맞춰진 것이 아닌, '남'에게 초점이 맞춰진 삶이다. 우리의 삶의 목적은 다른 사람의 필요를 채워주는 것이다. 즉, 우리의 기대치가 타당한 것이라고 해도 다른 사람의 필요를 위해 제쳐두어야 한다는 것을 의미한다. 이것이 바로 주님께서 말씀하신 '자신을 버리고 부인하는 일'인 것이다.

○ 기대치에 대한 토론

'결혼에 대한 기대'의 질문들에 각자 답한 후 그 대답을 가지고 당신의 약혼자와 함께 이야기하라. 토론을 원활하게 이끌어 줄 수 있는 질문은 다음과 같다.
- 어떻게 그러한 기대를 가지게 되었는지 살펴보자. 나의 배경, 교육, 문화, 또는 성격에 의한 것인가?
- 왜 그러한 기대가 여러분에게 중요하며, 어떻게 하면 배우자에게 강하게 요구하지 않으면서 이를 표현할 수 있겠는가?
- 이 기대가 어떻게 받아들여질 것인지 함께 상의해 보자.

이 활동을 통해 두 사람은 각자 지니고 있는 현실적 또는 비현실적인 기대에 대해 알 수 있게 될 것이다. 이는 마치 귀중한 광석을 채굴하는 일과 같다. 여러분은 매우 적은 양의 금을 캐기 위해 어마어마하게 많은 양의 흙을 파내야 할 수도 있다. 하지만 그렇게 해서 채굴된 작은 금덩어리는 그 모든 수고를 들일 가치가 있는 것이다. 이처럼 우리의 기대들도 마찬가지이다. 왜냐하면 우리가 가지고 있는 기대의 많은 부분이 평생 동안 형성되어 우리의 내면에 묻혀있기 때문이다. 우리는 그것을 발견하기 위해 노력해야 하며, 바로 이 과정이 그렇게 할 수 있도록 도울 것이다.

결혼에 대한 기대

다음 항목마다 당신이 결혼에 대해 가지고 있는 기대에 대해 상세하게 적어보자. 약혼자가 듣기 좋은 대답을 하려 하지 말고 특정 항목에 대해 여러분이 실제로 어떻게 느끼고 있는지 적어야 한다. 하나도 빠뜨리지 말고 모든 질문에 대답하라. 구체적이고 솔직하게 응답할수록 더 많은 금을 캘 수 있을 것이다.

○ 결혼 후 관계

　1. 결혼 후 어떻게 의사 결정을 할 것이며, 만약 배우자의 의견에 동의할 수 없을 때 어떻게 하겠는가?

　_____
　_____

　2. 결혼 후 친구들과는 얼마나 자주 만날 것인가?

　_____
　_____

　3. 결혼 후 이성 친구들과는 어떻게 지낼 것인가?

　_____
　_____

○ 재정

　4. 가족의 생계를 책임질 사람은 누가 될 것인가?

　_____
　_____

　5. 맞벌이를 생각하고 있는가? 그렇다면 얼마 동안 맞벌이를 할 것인가?

　_____
　_____

　6. 중요한 물건을 구입할 때는 어떤 방식으로 결정을 내리겠는가?

7. 누가 재정 관리를 하겠는가?

8. 베푸는 것(교회 또는 다른 기관에 내는 자선 기부금)에 대한 여러분의 생각을 적어보라. 그리고 기부에 대해 어떻게 결정을 내릴 것인가?

9. 부채와 신용카드 사용에 대한 여러분의 생각은 어떠한가?

○ 주거 환경

10. 결혼 후 어디서 살고 싶은가?

어떠한 환경에서 살고 싶은가? (예: 도심, 외곽, 소도시, 농촌, 평야, 산, 해변)

11. 아파트나 주택 중 어디에서 살고 싶은가? 임대할 것인가, 구입할 것인가?

_____
_____

12. 결혼 후 5년 뒤의 생활 수준은 어느 정도일 것으로 기대하고 있는가?

_____
_____

13. 가구와 살림살이 구비는 결혼 후 어느 정도의 기간 안에 완료되길 원하는가?

_____
_____

○ 친목 / 손님 접대 / 가정 환경

14. 가족들과 함께 하는 식사 시간은 당신에게 얼마나 중요한가? 외식은 얼마나 할 것인가?

_____
_____

15. 반려동물을 기르고 싶은가? 그렇다면 어떤 종류를 원하는가?

_____
_____

16. 얼마나 자주 사람들을 집에 초대하고 싶은가?
_____

어떠한 종류의 접대를 하고 싶은가?
_____

17. 얼마나 자주 데이트를 하고 싶은가?
_____

18. 가정에서 텔레비전이 어떠한 역할을 하길 원하며, 어떠한 기준으로 시청할 프로그램을 정하겠는가?
_____

좋아하는 프로그램이나 스포츠 경기를 얼마나 자주 시청할 것인가?
_____

19. 영화 관람 시 작품 선택 기준은 무엇인가?
_____

20. 결혼 후 여러분과 친구들 간의 관계는 어떻게 바뀔 것으로 생각하는가?
_____
_____

21. 개인적으로 어떠한 취미나 오락 생활을 할 것인가?

함께 하는 취미는 무엇이며, 얼마나 자주 할 것인가?

22. 술을 마시는 것과 집에 술을 보관하는 것에 대해 어떻게 생각하는가?

○ **가사책임**

23. 누가 식사를 준비할 것이며, 어떠한 종류의 음식을 먹을 것인가?

24. 집안이 얼마나 깨끗하기를 바라는가? 그리고 여러분이 생각하는 '깨끗함'의 기준은 어느 정도인가?

25. 누가 다음 가사를 책임질 것인가?
    빨래와 다리미질 _____

장보기 _____
자동차 관리 _____
수리 작업과 마당일 _____
전반적인 집 안 청소 _____
화장실 청소 _____
침대 정리 _____

○ 자녀와 육아

26. 자녀에 대한 여러분의 생각은 어떤가?
_____
_____

27. 언제 아이를 갖기 시작할 것이며, 몇 명의 자녀를 원하는가?
_____
_____

28. 만약 친자를 갖지 못하게 되는 경우에는 어떻게 할 것인가?
_____
_____

29. 낙태에 대해 어떻게 생각하는가?
_____
_____

30. 피임에 대해 어떻게 생각하는가?
_____
_____

31. 누가 자녀 양육을 전적으로 맡게 될 것인가?

32. 어떻게 자녀들을 훈육할 것인가? 그리고 어떻게 역할을 분담할 것인가?

○ **영성**

33. 얼마나 자주 배우자와 함께 기도하며 성경을 공부할 것인가?

34. 교회는 어디로 다닐 것이며, 어떠한 사역을 할 것인가?

35. 부부로서 남들에게 어떻게 도움의 손길을 주고 싶은가?

36. 누가 가정에서 영적 지도자 역할을 할 것이며, 이는 무엇을 의미한다고 생각하는가?

○ 공휴일 / 휴가 / 기념일

37. 공휴일은 어떻게 보내고 싶은가?

___

38. 휴가에는 무엇을 하고 싶은가?

___

39. 생일과 결혼기념일은 어떻게 기념하고 싶은가?

___

40. 명절은 어떻게 보내고 싶은가?

___

41. 주말에는 무엇을 할 것인가?

___

42. 가족, 친구, 그리고 서로를 위한 선물 비용은 얼마나 쓸 것인가?

	가족	자녀	친구	배우자
생일				
경조사				
기념일				
기타				

○ 부모님과 친척들

43. 결혼 후 부모님과의 관계는 어떻게 변할 것이라고 생각하는가?

44. 양가 부모님과는 얼마나 시간을 보낼 것으로 생각하는가?

45. 양가 부모님과 어떠한 관계를 갖게 될 것이라고 생각하는가?

46. 다른 가족과 친척들(형제자매, 이모, 삼촌, 사촌 등)이 여러분의 결혼 생활과 가정에 관여할 것으로 생각되는가? 어떠한 방식으로 관여하겠는가?

47. 여러분 자녀의 삶에 시부모님 또는 장인장모가 얼마나 관여하기를 원하는가?

어떻게 이를 맞출 수 있겠는가?
_____
_____

○ 성생활

48. 신혼여행에서의 성관계에 대해 어떠한 기대를 가지고 있는가?
_____
_____

49. 결혼 후 첫 1년 동안 얼마나 자주 성관계를 갖고 싶은가?
_____
_____

50. 만약 배우자가 때때로 성관계를 거부한다면 어떻게 느껴질 것으로 생각하는가?
_____
_____

51. 아내의 생리 기간에 성관계를 갖는 것에 대해 어떻게 생각하는가?
_____
_____

재혼자를 위한 특별한 질문

o **결혼**

1. 아래의 각 항목에 대하여 다음의 두 질문에 답하라.
   - 이전 결혼 생활에서 비롯된 특별한 기대감이 있는가?
   - 이전 결혼과는 어떤 점이 다를 것이라고 생각하는가?

결혼 관계:

재정:

가정:

가사:

자녀와 양육:

친목/손님 접대:

영성:
_____

명절/휴가/기념일:
_____

인척:
_____

성생활:
_____

2. 만약 여러분의 배우자가 재정, 사업, 인척, 자녀 등의 문제로 이전 배우자에게 연락해야 할 상황이 생긴다면, 그 연락이 어떻게 이뤄지길 원하는가?
_____
_____

○ **자녀(해당하는 경우)**

3. 배우자의 자녀들과 어떠한 관계를 유지하고 싶은가?
_____

4. 배우자가 자신의 자녀들과 어떠한 관계를 유지하기 원하는가?
_____

5. 만약 아이들이 이혼한 배우자의 부모나 친척들을 보기 원한다면 어떻게 하겠는가?

_____

6. 아이들을 훈육할 때 어떠한 기준이 있어야 한다고 생각하는가?

_____

7. 아이를 양육하는 일에 있어서 이전 배우자와 의견 충돌이 생기면 어떻게 하겠는가?

_____

만약 각자 아이들을 맡았다면, 그 아이들은 서로 어떠한 방법으로 교류할 수 있겠는가?

_____   _____

8. 아이를 양육하는 데 드는 재정적 부담은 어떤 것이 있는가? 그리고 어떻게 해결할 것인가?

_____

9. 또 아이를 가질 생각이 있는가? 언제, 몇 명을 가질 생각인가?

_____

2부
기초놓기

결혼을 알고
결혼하라

여자에게 배우자로 선택 받는 남자들, 그리고 여자가
그를 선택하는 이유는 언제나 신비한 수수께끼이다.

- 헨리 워즈워스 롱펠로 -

1장
왜 결혼인가?

#방향 찾기

결혼은 하나님의 아이디어다.

왜 결혼을 하고자 하는가?

얼핏 보면 단순한 질문같이 들린다. 하지만 이 질문에 어떻게 답하느냐에 따라 여러분이 결혼에 대해 얼마나 알고 있는지 알아볼 수 있다.

로마 철학자 세네카는 이렇게 말했다. "어떠한 바람을 타야 항구에 도착할 수 있을지 고민하기 전에, 어떤 항구로 가야 하는지 정확하게 알고 있어야 한다." 하지만 오늘날 많은 커플이 결혼을 할 때 잘못된 항구를 목적지로 삼고 항해를 시작하곤 한다.

예를 들어, '개인적 만족'이라는 항구에 도착하기 위해 항해를 해나가는 경우가 있다. '결혼을 하게 되면 내가 죽을 때까지 즐겁고 행복할 거야.' 하지만 기대했던 것만큼의 감정이 느껴지지 않거나, 심지어는 전혀 즐겁고 행복하지 않다면 어떻게 되는 것일까?

또는 '동행'이라는 항구는 어떨까? '평생을 혼자서 산다는 건 상상도 할 수 없어.' 많은 경우 이러한 이유로 결혼을 선택하곤 한다. 하지만 여러분의 배우자와 함께 하는 것이 더는 즐겁지 않고 싫증이 난다면 어떻게 해야 할까?

그리고 '성적 만족'이라는 항구도 있다. '결혼 하면 내가 원할 때마다 관계를 가질 수 있고, 죄책감이나 두려움을 느낄 필요도 없어.' 하지만 몇 년 뒤, 여러분의 배우자보다 성적으로 더욱 매력적인 사람을 만나게 된다면 어떻게 될까?

어떤 이들은 '사회적 순응'이라는 항구로 가기 위해 결혼을 한다. '가족이나 친구들이 매일 같이 "넌 만나는 사람 없어?"라고 말해.' 이러한 사람들은 이미 결혼한 친구들을 보면서 남들보다 뒤처지고 싶지 않은 마음에 결혼을 결심한다. 하지만 결혼 후 자신이 선택한 사람을 바라보면서, '조금 더 기다렸다면 더 나은 사람을 만날 수도 있었을 텐데.'라는 생각이 든다면 어떻게 할 것인가?

결혼은 인간이 가지고 있는 많은 욕구를 충족시켜 준다. 그리고 결혼을 통해 앞서 언급한 행복, 동행, 성적 만족 등을 얻을 수 있는 것도 사실이다. 하지만 결혼은 단순한 욕구 충족 문제를 넘어서 이보다 훨씬 높은 차원의 문제이다.

결혼은 태초부터 하나님께서 예비해 주신 것이지, 인간의 힘으로 만들어진 것이 아니다. 전능하신 하나님의 계획은 우리가 감히 상상할 수 없을 만큼 위대하다.

이번 장과 다음 장에서는 우리가 지향해야 하는 항구가 사람과 하나님의 말씀 속에서만 찾을 수 있다는 사실을 배우게 될 것이다.

#생각해 보기

다음 글을 읽고 이어지는 질문에 답해보자.

사례: 에릭과 아만다의 이야기

○ **마법과 같은 만남**

활발한 성격의 소유자이자, 운동선수인 에릭이 미국 남부 출신의 조용한 성격을 가진 아만다와 사랑에 빠지게 된 것은 그 누구도 상상하지 못했던 일이다. 이들은 콜로라도주에 위치한 로키산맥의 깊은 산중에서 친구들과 함께 스키를 타다가 만났다. 에릭은 아만다를 보자마자 그녀에게 다가가 데이트 신청을 했다. 그리고 아만다는 이 같은 에릭의 대담함에 반해 승낙했다. 그 후 집에 돌아가기 전까지 함께 지내면서 그들은 서로에게 더욱 빠져들었다. 함께 스키를 타고 식사를 하였고 코코아를 마시면서 머릿속에 떠오르는 대로 아무거나 이야기했다. 이 모든 것이 너무나 쉽고 당연하게 느껴졌고, 서로가 완벽한 반쪽인 것 같았다.

에릭과 아만다 둘 다 과거에 많은 이성을 만나보았고 에릭은 약혼까지 해본 경험이 있었다. 하지만 어찌 된 일인지 둘의 관계는 특별하게 느껴졌다. 둘은 많은 대화를 나눈 후 약 480km나 떨어져 있는 각자의 집으로 돌아갔다. 당시 에릭은 조경회사를 공동 운영하고 있었고, 아만다는 제약회사에 다니는 판매 사원이었다. 그 후 몇 달간 이들은 잠자리에 누워 몇 시간씩 통화했다.

서로에게 꾸준히 편지도 쓰고 메시지를 보냈으며, 재미있는 선물을 보내기도 했다. 그리고 주말에는 최대한 많은 시간을 함께 보냈다.

○ 진지해지는 관계

에릭과 아만다는 자연스럽게 결혼에 대해 생각하게 되었다. 에릭은 28살, 아만다는 26살이었으며 둘 다 지금이 결혼 적령기라고 생각하고 있었다.

에릭은 미래의 배우자와 자신이 얼마나 잘 맞는지가 결혼 전 고려해야 할 가장 중요한 사항이라고 생각했다. 그래서 매력적이면서도 함께하면 즐거운 사람을 찾고 있었다. 에릭이 원하는 미래의 배우자는 낚시도 즐길 줄 알고, 자신이 친구들과 놀러 다니는 것에도 개의치 않으며, 요리와 살림까지 잘하는 여성이었다.

아만다 또한 결혼과 미래 배우자에 대한 기대가 있었다. 아만다가 꿈꾸었던 결혼은 사랑하는 남자와의 환상적이고 낭만적인 모험이었다. 미래의 배우자는 세심하고 매력적이며, 정리정돈을 잘하면서 가사를 함께 맡을 수 있는 남자이기를 바랐다. 또 자신의 감정을 표현할 줄 알고, 남의 말에 귀 기울일 줄 알며, 안정적인 생활을 보장해줄 남자, 그리고 자신만큼 아이를 좋아하고 아이들에게 다정한 아빠가 될 수 있는 남자를 원했다.

사랑에 빠진 에릭과 아만다는 사귀는 동안 서로를 기쁘게 해주기 위해 노력을 아끼지 않았다. 에릭은 아만다와 자신의 연약한 부분까지 기꺼이 내보이며 삶의 고민과 어려움을 털어놓았고, 자신이 이뤄낸 성과에 대해 자랑하기도 했다. 그는 굉장히 신사

적이었고, 놀라울 만큼 로맨틱했으며, 아만다가 이야기할 때는 그녀에게 집중하기 위해 최선을 다했다. 심지어 아만다가 정말 좋아하는 극장에 데려가기도 했다. 그리고 아만다는 생각했다. '이 남자가 바로 내가 꿈에 그리던 사람이야. 다투지도 않는 걸 보니 우리는 천생연분인가 봐.'

아만다는 한 번도 낚시를 해본 적이 없었지만, 언젠가부터 에릭과 함께 호수에서 물고기를 잡으면서 주말을 보내게 되었다. 에릭의 소프트볼 경기에도 참관했고, TV를 보면서 에릭이 가장 좋아하는 농구팀을 응원하기도 했다. 둘이 함께라면 이 모든 것이 즐겁게 느껴졌다. 그리고 아만다가 만든 요리는 에릭의 입에 딱 맞았다. 에릭은 이렇게 생각했다. '아만다와 나는 정말 통하는 부분이 많아. 그리고 아만다는 나를 위해 무언가를 해주는 걸 좋아하는 것 같아.'

○ 서로의 차이점

너무나 당연한 이야기이지만, 서로 다른 두 사람이 완벽하게 같을 수는 없다. 에릭과 아만다도 마찬가지였다. 우선 둘의 가족부터 굉장히 달랐다. 에릭의 아버지는 자동차 정비공이었고, 어머니는 식당 종업원이었다. 아만다의 부모님은 이혼했지만, 부유한 변호사였던 아버지가 가족을 경제적으로 지원해 주었다. 이러한 사회 경제적 배경 차이는 에릭과 아만다가 서로의 집에 인사하러 갔을 때 가장 명백히 드러났다.

에릭은 많은 사람과 떠들썩하게 이야기하는 것을 좋아하는 사교적인 남자였다. 반면 아만다는 조용한 편이었고, 소수의 친구와 함께 시간을 보내는 것을 좋아했으며, 큰 규모의 파티는 불편해했다. 아만다는 독서를 하면서 휴식을 취했지만, 에릭은 TV를 시청하면서 쉬었다.

그리고 아만다가 걱정한 종교적 신념 문제가 있었다. 아만다는 꾸준히 교회를 다녔고, 믿음을 굉장히 중요하게 생각했다. 하지만 에릭은 교회 다니는 것이 즐거웠던 적이 한 번도 없었다고 말하며, 스스로 교회에 나가지도 않았다. 그렇지만 에릭이 주말에 아만다와 함께 교회에 나가는 것을 즐거워하는 것처럼 보였기 때문에 아만다는 에릭이 언젠가는 변할 수 있다는 희망을 품었다. 아만다는 이 모든 것을 종합해보고 자신과 에릭이 천생연분이라고 생각했다.

이제 둘은 혼자 살고 싶지 않았고, 서로 떨어져 있는 것도 견딜 수 없었다. 상대방이 없는 삶은 이제 상상도 할 수 없었다. 그러던 어느 날, 아만다는 독립기념일을 기념하여 호숫가의 리조트에서 가족들과 함께 즐거운 시간을 보내고 있었다. 저녁이 되고 창밖을 내다보던 아만다는 에릭이 호수 옆에 서 있는 것을 발견했다. 아만다는 그를 만나기 위해 한걸음에 달려갔다. 그러자 에릭은 무릎을 꿇고 다이아몬드 반지를 들고서 이렇게 물었다. "저와 결혼해 주시겠습니까?"

아만다와 에릭은 4개월 동안 결혼식을 준비했다. 충분한 준비 시간을 가졌음에도 불구하고 마지막 몇 주의 일정은 정말 빡빡했다. 아만다는 에릭이 사는 도시로 이사를 했고, 그곳에서 새로운 직장을 얻었지만, 결혼식은 그녀가 살던 곳에서 올리기로 하였기 때문에 그곳으로 가서 준비해야 했다. 둘은 목사님을 만나 결혼에 대한 조언을 들었으며, 함께 살게 될 집을 구해 이사했다. 그리고 마침내 결혼식 날짜가 다가왔다. 결혼식은 정신없이 진행되었고, 어느 순간 아만다와 에릭은 결혼 서약을 읽고 있었다. "이 반지로 당신과의 결혼을 약속하며 …… 아플 때나, 건강할 때나, 가난할 때나, 풍족할 때나, 죽음이 우리를 갈라놓을 때까지 함께하겠습니다."
그리고 나서 에릭과 아만다는 자신들의 삶이 앞으로 영원히 행복할 것이라는 꿈에 부푼 채 신혼여행을 떠났다.

1. 에릭과 아만다가 결혼하기로 한 결정에 대해 어떻게 생각하는가? 현명한 결정이었나? 아니었나?

   _____
   _____

2. 만약 이 두 사람이 여러분에게 "저희가 결혼할 준비가 되었다고 생각하세요?"라고 물었다면 어떻게 대답해줄 것인가?

   _____
   _____

3. 이들이 결혼하기로 한 이유는 무엇이었나?

   _____
   _____

성경적 원리

어떤 면에서 에릭과 아만다는 서로에게 완벽한 짝일지도 모른다. 하지만 서로에 대해 모르는 것이 너무 많았고, 이들은 결혼 전 수백 km를 떨어져 살았다. 그리고 강한 감정에 휩쓸리는 바람에 중요한 문제들을 해결하지 못한 채 서로와 평생을 함께하겠다고 맹세했다.

우선 이들은 서로에 대해 모르는 점이 너무 많았다. 자라온 가정 환경이 매우 달랐으며, 아만다는 부모님이 이혼하셨기 때문에 모범적인 결혼 생활이 어떤 것인지 직접 보면서, 성장하지 못했다. 또한, 인생의 심오한 문제들에 관해 이야기해 보면서 서로의 철학적 또는 종교적 관점이 얼마나 잘 맞는지 알아볼 기회도 없었다. 결혼에 대해 기대하고 있는 것도 달랐다. 이들은 서로 다른 목표를 가지고 있었다.

어떻게 보면 에릭과 아만다는 암흑 속에서 결혼 생활을 시작하는 것과 다름없다고 할 수 있다. 그리고 요즘 많은 예비부부가 이와 같은 상황에 있다. 결혼이 진정 무엇인지, 그리고 결혼 생활을 유지하기 위해 어떻게 해야 하는지 제대로 알지 못한다.

결혼은 단순히 여자와 남자를 이어주는 것 이상의 의미가 있다. 우리가 "왜 결혼하는가?"라는 질문의 답을 찾고자 한다면 태초에 하나님께서 결혼에 대한 어떤 의도를 가지고 계셨는지 알아볼 필요가 있다. 이를 위해 태초의 이야기를 다룬 창세기를 살펴보자. 결혼에 대한 하나님의 목적과 계획을 알 수 있을 것이다.

첫 번째 목적: 서로를 온전하게 만들기

창세기 2장에는 하나님께서 인간을 창조하신 후 이에 대해 말씀하시는 부분이 있다. "여호와 하나님이 이르시되 사람이 혼자 사는 것이 좋지 아니하니 내가 그를 위하여 돕는 배필을 지으리라 하시니라" (창세기 2:18)

이전까지는 하나님께서 창조하신 것들을 보시고 '보시기에 좋았더라'라고 말씀하셨다. 하지만 이 부분에서는 무엇인가 '좋지 아니하니'라고 말씀하고 계신다.

1. 왜 아담이 혼자 있는 것이 좋지 않은 일이었을까?
   _____
   _____

아담은 에덴동산을 거닐며 하나님과 소통하였다. 하지만 이는 충분하지 않았다. 하나님께서는 독특한 외로움을 아담에게 불어넣어 주시기로 계획하셨다. 아담은 모든 것이 완벽한 가운데 하나님을 경험했지만, 외로움을 느끼게 되었다.

2. 아담의 문제를 해결해 주시기 위해 하나님께서 어떻게 하셨는지 창세기를 통해 계속 살펴보자.

"여호와 하나님이 흙으로 각종 들짐승과 공중의 각종 새를 지으시고 아담이 무엇이라고 부르나 보시려고 그것들을 그에게로 이끌어 가시니 아담이 각 생물을 부르는 것이 곧 그 이름이 되었더라 아담이 모든 가축과 공중의 새와 들의 모든 짐승에게 이름을 주니라 아담이 돕는 배필이 없으므로 여호와 하나님이 아담을 깊이 잠들게 하시니 잠들매 그가 그 갈빗대 하나를 취하고 살로 대신 채우시고 여호와 하나님이 아담에게서 취하신 그 갈빗대로 여자를 만드시고 그를 아담에게로 이끌어 오시니" (창세기 2:19~22)

a. 왜 아담이 독처하는 것이 좋지 않았다고 생각하는가?
_____
_____

b. 어떤 방법으로 하나님께서 아담에게 배필을 만들어 주셨나?
_____
_____

하나님께서 아담에게 배필을 주신 것은 단순히 외로움을 해소해주기 위한 것 이상의 의미가 있었다. 아담이 느꼈던 외로움에 대한 해결책으로 하나님께서는 아담과 잘 맞는 돕는 배필을 만들어 주셨다. 주목해야 할 것은 여기서 일컫는 '돕는 배필'이 아담보다 낮은 지위의 사람을 의미하는 것이 아니라는 것이다. 오히려 모세가 이 구절을 기록할 당시 여자는 하찮은 존재로 여겨졌기 때문에, 여자를 돕는 배필이라고 표현하는 것은 시대적 관념에 반(反)하는 것이었다. 그러나 모세는 구약에서 하나님을 지칭하는 표현과 같은 표현으로 여자를 지칭함으로써, 여자의 위상과 역할을 드높였다. (시편 30:10, 54:4) 또한, 돕는 배필은 하나님께서 외로움을 느꼈던 아담의 필요를 채워주셨다는 것 이상의 의미가 있다. 바로 아담은 혼자서 온전한 존재가 되지 못한다는 점이다. 아담에게는 하와가 필요했다.

미혼인 모든 사람이 배우자를 만나기 전에는 불완전하다는 것은 아니다. 하지만 우리는 모두 하나님의 형상에 따라 만들어졌고 (창세기 1:26~27), 우리 삶을 향한 그분의 목적과 계획에 복종할 때 하나님의 영광을 드높일 수 있다. 그리고 하나님께서는 남자와 여자가 혼자서는 이룰 수 없는 것들을 함께 이룰 수 있도록 적절한 시기에 남편과 아내로 함께 부르신다.

하나님께서 여러분을 결혼으로 부르실 때에는 여러분을 완전하게 만들어 줄 배우자를 함께 예비해 주신다. 그리고 여러분은 그 배우자와 함께 이전보다 더 견고하고 효율적인 삶을 영위할 수 있게 된다.

3. 당신이 잘 아는 부부를 떠올려보자. 각자의 다른 점이 어떻게 서로를 온전하게 만들어 주는가?

_____
_____
_____

행복한 결혼 생활을 하는 부부들은 어떻게 하나님께서 그들을 보완해 가시는지 구체적으로 잘 알고 있다.

- 남편은 사교적인데 아내는 업무 지향적이다. (또는 반대일 수도 있다) 이럴 때 남편은 아내가 다른 사람들과 잘 어울릴 수 있도록 도와주고, 아내는 남편이 완료해야 하는 업무에 집중할 수

있도록 도와준다.

- 남편은 동작이 빠르고 삶을 바쁘게 살아가지만, 아내는 동작이 느리고 여유로운 삶을 지향한다. 이럴 때 남편은 아내가 약속에 늦지 않도록 도와주고, 아내는 남편이 바쁜 와중에 장미꽃 향을 맡을 수 있는 여유를 갖도록 도와준다.

지혜로우신 하나님께서는 서로의 균형을 맞춰주고 부족한 점을 채워줄 수 있는 남자와 여자를 부부로 택하신다. 이들은 혼자였을 때보다 둘이 함께일 때 더 강하다. 그리고 각자 독립적인 존재에서 상호 보완적인 존재가 되기로 하는 것이다.

4. 여러분의 관계를 살펴보자. 어떤 점이 비슷하고 어떤 점이 다른가?

· 비슷한 점   · 다른 점
_____   _____
_____   _____
_____   _____
_____   _____

5. 서로의 다른 점과 약한 부분이 서로를 어떻게 강하게 만드는가?
_____
_____
_____

6. 만약 어떤 부부가 서로의 차이점을 하나님의 결혼에 대한 계획하심과 목적이라고 생각하지 않는다면, 시간이 지나면서 이러한 차이점이 이들의 관계에 어떠한 어려움으로 작용할 것으로 생각하는가?

_____
_____
_____

하나님의 뜻을 더 알고자 노력하고, 하나님 안에서 관계를 성장시켜나가며, 하나님께 순종하고 복종하라. 이러한 섬김을 통해 그분께서 택해주신 배우자가 여러분에게 얼마나 완벽한 반쪽인지 깨닫게 될 것이다.

두 번째 목적: 믿음의 세대 세우기

계속해서 창세기를 살펴보면 결혼의 두 번째 목적을 알 수 있다.

> "하나님이 그들에게 복을 주시며 하나님이 그들에게 이르시되 생육하고 번성하며 땅에 충만하라" (창세기 1:28a)

7. 이 구절은 결혼에 대한 하나님의 계획하심을 명백하게 보여준다. 말씀에 따르면 아이를 갖는 것은 우리의 선택사항이 아니라 하나님의 명령이라는 것을 분명히 알 수 있다. 하나님께서 자식을 갖는 것을 이처럼 높은 우선순위로 두신 이유는 무엇이라고 생각하는가?

_____
_____

8. 자녀에 대한 하나님의 말씀과 그 중요성에 대해 다음의 시편 구절은 어떻게 말하고 있는가?

"보라 자식들은 여호와의 기업이요 태의 열매는 그의 상급이로다 젊은 자의 자식은 장사의 수중의 화살 같으니 이것이 그의 화살통에 가득한 자는 복되도다 그들이 성문에서 그들의 원수와 담판할 때에 수치를 당하지 아니하리로다" (시편 127:3-5)

"여호와께서 증거를 야곱에게 세우시며 법도를 이스라엘에게 정하시고 우리 조상들에게 명령하사 그들의 자손에게 알리라 하셨으니 이는 그들로 후대 곧 태어날 자손에게 이를 알게 하고 그들은 일어나 그들의 자손에게 일러서 그들로 그들의 소망을 하나님께 두며 하나님께서 행하신 일을 잊지 아니하고 오직 그의 계명을 지켜서" (시편 78:5-7)

_____
_____
_____

자녀들은 축복일 뿐만 아니라 (시편 127편) 하나님의 계획에서 굉장히 중요한 역할을 한다. 성경은 정확하게 몇 명의 자녀를 가져야 한다고 명시하고 있지는 않다. 그리고 모든 부부가 생물학적 친자를 가질 수 있는 것도 아니다. 그러나 모든 부부가 하나님을 향한 믿음을 전수하는 데 동참하여 믿음의 세대가 계속해서 이어지도록 하는 것이 하나님의 계획이다. 시편 78편은 이러한 신앙의 전수가 가장 잘 이뤄질 수 있는 환경이 바로 가정이라고 말하고 있다.

9. 하나님께서는 그분의 뜻을 보여주시기 위해 그 어떠한 수단도 가리지 않으신다. (민수기 22:21~33, 누가복음 19:40) 그렇다면 왜 하나님께서는 자녀들에게 진리를 전파해야 하는 부모의 역할을 그토록 강조하시는 것일까?

_____
_____
_____

하나님의 원래 계획은 가정을 아이들이 인격과 가치와 정직을 배우며 자라는 양육의 장소, 곧 '온실'이 되게 하는 것이다. 자녀가 어떻게 살아야 하며, 어떻게 하나님께 나아가는지를 가정보다 더 잘 배울 수 있는 환경은 없다.

세 번째 목적: 하나님 형상 따르기

"하나님이 이르시되 우리의 형상을 따라 우리의 모양대로 우리가 사람을 만들고 그들로 바다의 물고기와 하늘의 새와 가축과 온 땅과 땅에 기는 모든 것을 다스리게 하자 하시고 하나님이 자기 형상 곧 하나님의 형상대로 사람을 창조하시되 남자와 여자를 창조하시고" (창세기 1:26~27)

결혼의 세 번째 목적은 하나님의 형상을 닮기 위해서이다. 이는 우리가 하나님의 계획을 이해하는 데 중요한 기반이 된다. 하나님께서 결혼을 통해 당신의 성품과 존재를 보여주시겠다고 결정하셨기 때문이다. 예를 들어, 하나님은 사랑이시기 때문에 우리는 사랑을 할 수 있다. 우리가 서로를 용서할 때는 예수님을 통해 우리를 용서하신 그분의 모습을 닮게 되는 것이다.

이것이 왜 중요할까? 그 이유는 하나님께서 우리가 당신을 알기 원하시고 당신의 계획하심 속에서 우리가 살아가길 원하시기 때문이다. 여자와 남자가 결혼으로 하나가 될 때, 하나님을 그 관계의 중심에 둔다면 그들은 하나님의 형상을 닮게 된다. 그리고 그 관계를 통해 하나님이 누구이시며, 어떻게 우리를 사랑하시는지 세상에 보여줄 수 있다.

하나님께서는 신비하게도 남편과 아내를 통해 인류에 대한 그분의 사랑을 보여주신다. 결혼 관계를 통해 하나님의 사랑과 용서 그리고 인간에 대한 그분의 인내와 헌신을 세상에 알릴 수 있는 것이다.

10. 여러분의 결혼 생활이 하나님의 형상을 반영할 수 있는 방법을 적어보라. 제시되어 있는 보기를 참조하라.

우리가 닮은 하나님의 형상	서로에게	다른 사람에게
완전한 사랑	우리가 서로에게 최선인 것을 믿는 것	다른 사람의 결점이나 약점에도 불구하고 그들을 있는 그대로 받아들이는 것

헌신

용서

하나 됨
(성자, 성부, 성령)

요약

결혼은 단순한 문화적 제도가 아니며, 동행만을 위한 남자와 여자의 결합도 아니다. 우리가 살펴보고 있는 결혼의 목적은 역대 최고의 베스트셀러인 성경책에서 찾을 수 있다. 위에서 다룬 결혼의 세 가지 목적은 결혼의 영적 창조주이신 하나님께로 다시 귀결된다.

시편 127:1은 "여호와께서 집을 세우지 아니하시면 세우는 자의 수고가 헛되며 여호와께서 성을 지키지 아니하시면 파수꾼의 깨어 있음이 헛되도다"라고 말하고 있다.

이는 여러분이 생각하는 것보다 결혼이 훨씬 더 중요하다는 것을 의미한다. 인생의 동반자로서 동행하는 즐거움보다 힘들고 어려운 순간이 더 많은 것이 결혼이다. 하나님의 명예, 그리고 그분의 형상은 여러분의 결혼 생활에 달려있다. 하나님의 계획하심에 따라 결혼 생활을 영위하기 위해서는 결혼의 영적 기반을 무시할 수 없다. 다음 장에서는 그 영적 기반에 대해 다룰 것이다.

왜 결혼을 하는가? 여러분이 만약 이 질문에 대답하지 못한다면 이 책을 공부하는 도중 쉽게 다른 길로 빠지거나 아예 길을 잃어버릴 위험이 크다. 하지만 이 질문에 성경적인 대답을 할 수 있다면 이 과정을 통해 경이롭고 조화로운 결혼 생활에 대해 배우게 될 것이다.

01
The 아름다운 결혼을 위한 지침

- 여러분이 결혼하고자 하는 그 이유를 아는 것이 중요하다.

- 하나님께서는 두 사람이 만나 하나를 이룬 후 다음과 같은 목적을 달성할 수 있도록 결혼을 만드셨다.

  1. 하나님의 형상 따르기
  2. 서로를 완전하게 만들기
  3. 믿음의 세대 세우기

- 서로의 차이점과 약점을 보완해 완전한 존재로 만들어준다.

- 가정은 영적인 성장을 위한 온실이며, 가정을 통해 다음 세대로 영적 진리를 전수할 수 있다.

- 결혼을 통해 세상은 하나님이 어떠한 분이신지 알게 된다.

#진실한 대화

1. '생각해 보기' 및 '성경적 원리'에 대해 약혼자와 잠시 이야기해 보고, 질문에 대한 대답을 서로 나눠보자.

2. 약혼자와 다음 활동을 해 보라.

   a. 당신의 손을 들어 약혼자의 반대편 손과 손가락이 맞닿도록 겹친다. 이렇게 하면 기도하는 손을 만들 수 있다. 이는 여러분과 약혼자가 지니고 있는 공통점을 통해 만들 수 있는 유대감을 보여주는 것이다. 이 유대감은 아주 쉽게 무너질 수 있다. 노력할 필요도 없이 그저 손을 치워버리면 되기 때문이다.

   b. 이제 다시 서로의 손을 맞대고 손가락을 모두 펴보자. 그런 다음 상대방의 손가락 사이사이로 손가락을 넣어 깍지를 껴보자. 이것이 여러분 관계에서 서로 다른 점과 약점이 만들어내는 유대감의 모습이다. 이를 통해 서로를 완전하게 만들고 서로의 부족한 점을 채워줄 수 있다. 깍지를 낀 채로 배우자

손에서 여러분의 손을 빼려고 시도해보자. 쉽지 않을 것이다. 그 이유는 서로를 완전하게 만드는 과정에서 여러분의 유대감이 강해졌기 때문이다.

3. 성경 말씀을 통해 자녀를 갖고 양육하는 것에 대한 여러분의 생각이 변화하였는가? 만약 그렇다면 어떻게 변화하였는가?

_____

_____

혹시 당신이 가정을 꾸리는 문제에 대해 약혼자와 충분히 이야기해보지 않았다면 지금이 좋은 기회다.

언제 아이를 갖고 싶은가?

_____

몇 명의 자녀를 갖고 싶은가?

_____

머지않아 아이를 가질 수 있을 만큼 준비가 되어있다고 생각하는가? 왜 그러한가? 아니라면 왜 아닌가?

_____

_____

_____

4. 당신의 결혼이 하나님의 형상을 닮을 수 있다는 점이 낯설게 느껴지는가? 어떠한 점에서 그렇게 느껴지는가?

_____
_____

5. 당신의 관계를 통해 다른 사람에게 하나님의 영광을 드러낸 적이 있는가? 어떠한 경험이었나?

_____
_____

심화 학습

1. 데니스 레이니와 바바라 레이니가 쓴 『내 곁에 있는 당신』의 11장을 읽어라.

2. p.273의 '부모의 지혜를 전수받기' 활동을 완성하라.

#재혼자를 위한 특별한 질문

1. p.31로 돌아가 '과거 결혼 경험이 있는 경우'에 해당하는 질문의 답변에 관해 이야기해 보자.

2. 해당하는 질문에 개별적으로 대답해본 후, 그 내용을 가지고 약혼

자와 함께 나눠보자.

(이혼한 경우) 어떠한 점에서 과거 결혼은 하나님의 결혼에 대한 목적을 이루는 데 실패하였는가?

_____
_____

서로를 완전하게 만드는 것

_____
_____

믿음의 세대 세우기

_____
_____

하나님의 형상 따르기

_____
_____

3. (이혼한 경우) 과거 여러분의 어떠한 실수가 이혼까지 이르게 했다고 생각하는가? 즉, 이혼에 있어 여러분은 어떠한 책임이 있는가?

_____
_____

4. 만약 자녀가 있다면 여러분의 재혼에 대해 어떻게 받아들이는지 적어보자. (여러분의 자녀가 왜 그렇게 느끼는지 충분히 생각해 보자)

	부정				긍정
자녀 이름: _____	1	2	3	4	5

이유는 무엇인가?

_____

	부정				긍정
자녀 이름: _____	1	2	3	4	5

이유는 무엇인가?

_____

	부정				긍정
자녀 이름: _____	1	2	3	4	5

이유는 무엇인가?

_____

5. 여러분의 자녀가 미래의 양부모 또는 의붓형제와 원만한 관계를 맺을 수 있도록 어떻게 도와줄 것인가?

_____

_____

#재혼자를 위한 특별한 메시지

하나님의 결혼을 향한 목적은 한 남자와 한 여자가 만나 평생 서로에게 헌신하는 것이다.

- 서로를 완전하게 만들어 준다는 것은 한 몸이 되어 절대 떨어지지 않는 일체감을 경험하는 것이다. (다음 장에서 더 자세히 다룰 것이다)

- 믿음의 세대를 세우는 것(아이를 갖고 양육하는 것)은 부모가 함께 참여하여야 하며, 가정의 울타리 안에서 이뤄져야 한다.

- 하나님의 형상을 따른다는 것은 성부, 성자, 성령이 절대 나뉘지 않는 삼위일체의 그 일체감을 따르는 것이다.

만약 당신이 이혼했다면 전 배우자와의 관계를 회복하기 위해 모든 노력을 기울일 필요가 있다. 물론 어떤 경우에는 참작할 만한 사유가 있어서 이렇게 하는 것이 불가능하거나 어리석은 일일 수도 있다. 반드시 당신의 독특한 문제를 해결하도록 도와줄 수 있는 믿음의 조언을 구해야 한다.

재혼을 고려해보고 있는 여러분은 아마도 이혼에 대한 성경적 지식을 꽤 갖고 있을 것으로 생각한다. 이혼과 관련된 성경 구절을 찾아보고, 신앙적 조언을 구해 이를 받아들였을 수도 있다. 하나님께서는 부부의 이혼을 미리 정해두시지는 않지만, 허락하신다. 따라서 여러분은 하나님 뜻에 어긋난 삶을 사는 것이 아니며, 성경적으로 재혼할 수 있는 자유가 있기에 떳떳하다.

2장
하나님의 결혼 방정식
하나 더하기 하나는 하나

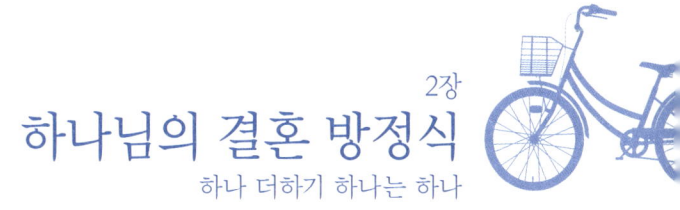

#방향 찾기

하나님의 결혼에 대한 계획은 성령께서 주시는 힘으로 평생 지켜야 할 네 가지 헌신을 포함한다. 받아들이기, 떠나기, 합하기, 그리고 한 몸 이루기이다.

수천 년 동안 지배자와 부유한 지주들은 적군의 침공을 막기 위해 거대한 성을 지었다. 하지만 시간이 흐르면서 적군들은 성의 방어막을 뚫기 위한 기발한 방법들을 고안해냈다. 투석기를 이용해 성벽이나 성 위로 무기를 쏘아 올렸고, 공성망치를 이용해 성벽을 부수기도 했다. 또한, 바퀴 달린 탑을 만들어 성벽 가까이 끌고 가 성벽을 무너뜨리기도 하였다.

그리고 이 모든 작전이 통하지 않으면 포위 작전으로 넘어갔다. 성을 둘러싸고 음식과 물을 포함한 모든 물자의 보급을 끊어버리는 것이다. 수 주 또는 수개월 후, 성 안의 사람들은 어쩔 수 없이 항복했다.

13세기 영국, 성을 설계하던 건축가들은 이전 세대의 성이 어떤 점에서 취약한지 깨달았다. 이에 따라 기발한 방어 시설을 갖춘 성을 건설하기 위한 청사진을 만들기 시작했다.

- 성 외벽의 밑 부분은 바깥쪽으로 경사가 지도록 설계되었다. 이는 안정감을 제공해줄 뿐만 아니라 방어 수단으로써의 역할도 하였다. 성을 방어하는 군사들이 큰 바위를 밑으로 던지면 밑 부분의 경사에 맞고 튕겨 나가 적군을 맞힐 수 있었다.
- 성벽에 궁수들이 활을 겨냥할 수 있는 구멍을 만들었다.
- 외벽의 가장 윗부분은 나무로 된 구조물을 설치하기 위해 자리를 남겨두었다. 이는 아군이 적군을 바로 위에서 아래로 조준할 수 있게 해주는 구조물이었다.
- 한 번에 수개월 동안 물자의 보급 없이 버틸 수 있도록 음식을 보관할 수 있는 거대한 규모의 저장고가 마련되었다.
- 성을 방어하면서 직접 물을 공급받을 수 있도록 성 내부에 우물을 팠다.

결혼을 진지하게 고민하는 과정에서 우리는 결혼이 21세기의 투석기나 공성망치를 견뎌낼 수 있는 가정을 건축하는 작업임을 깨달아야 한다. 많은 부부가 이혼을 선택하는 이 시대에 어떻게 하면 결혼 생활을 성공적으로 영위할 수 있을지 여러분도 분명 고민해 보았을 것이다. 많은 사람이 친구들이나 부모님처럼 결국 이혼하게 될까 두려워 결혼을 어려워한다.

하나님께서는 결혼에 대한 계획이 있으시다. 그리고 평생 성공적인 결혼 생활을 영위할 수 있는 청사진을 우리에게 보여주고 계신다. 건강한 결혼 생활과 가정을 꾸려나가기 위해 여러분과 약혼자는 바로 그 성경적 청사진을 따라가야 한다.

#생각해 보기

다음 글을 읽고 이어지는 질문에 답하라.

사례: 계속되는 에릭과 아만다의 이야기

신혼여행지에 도착한 다음 날 아침, 아만다는 위장염에 걸렸다. 아만다가 이틀 내내 침대에 누워있는 동안 에릭은 혼자서 따스하고 낭만적인 해변을 거닐며 자신이 여기에서 왜 이러고 있는지, 앞으로 안 좋은 일이 일어날 것이라는 불운한 징조는 아닌지 걱정했다.

다행히 아만다는 완전히 회복되었고, 며칠 동안 달콤한 신혼여행을 즐겼다. 하지만 집으로 돌아와 새로운 삶에 적응하기 시작한 뒤 몇 주 되지 않아 이들 사이에는 갈등이 생기기 시작했다.

아만다는 새로운 도시의 새로운 직장을 마음에 들어 하지 않았다. 그녀가 살던 곳에서 아만다는 성공한 제약회사 판매 사원이었다. 하지만 여기서는 새로운 고객층부터 다시 구축해야 하는 등 모든 것을 처음부터 시작해야 했다. 아만다는 몹시 고단하고 신경이 날카로워진 채로 퇴근하곤 했다. 게다가 에릭은 자신의 아내가 더 많은 수입을 벌어오길 원했다. 결혼 전 아만다의 수입과 근접할 정도로 말이다. 하지만 그들의 재정 상태는 에릭이 바랐던 것만큼 넉넉하지 못했다.

에릭은 항상 장시간 근무를 했고, 늦은 밤까지 퇴근하지 않을 때도 있었다. 결혼 전 아만다가 다른 지역에서 살았을 때는 이것이 문제시되지 않았다. 하지만 이제는 집에 혼자 남겨진 아만다가 외로움을 느끼게 되었다. 그녀는 "난 여기서 아는 사람도 없는걸요."라고 불평하였다. 한편, 에릭은 작업량이 많은 시즌에는 장시간 근무를 해야 하는 조경회사의 일을 아만다가 이해하지 못한다고 느꼈다. 에릭은 "겨울에는 좀 나을 거예요."라고 말했다.

하지만 에릭과 아만다를 가장 괴롭혔던 것은 결혼 후 서로의 달라지는 모습을 보는 것이었다. 연애 기간과 약혼 기간에는 의견 충돌이 거의 없었지만, 이제는 수많은 문제를 두고 서로 대립했다. 가사를 어떻게 분담할 것인지, 재정은 어떻게 관리할 것인지, 그리고 양가 부모님을 어떻게 대접해야 되는지 등 많은 문제가 있었다.

아만다는 맞벌이를 함에도 자신이 해야 하는 집안일이 더 많다는 점에 분개했다. 에릭이 하는 집안일이라고는 쓰레기를 갖다 버리거나 연장이 필요한 수리 작업뿐이었다. 요리나 청소, 그리고 빨래 등을 도와주는 일은 거의 없었다. 아만다는 말했다. "내가 모든 집안일을 하는 것 같아요. 당신이 마땅히 해야 하는 일도 당신은 절대 하지 않군요."

이 밖에도 생각했던 것보다 서로의 관심사가 아주 다르다는 점을 발견했다. 어느 날, 에릭은 아만다에게 주말에 함께 낚시를 가자고 제안했고, 돌아오는 아만다의 대답에 어안이 벙벙해졌다. 아만다는 "낚시하는 거 별로 재미없어요. 낚시 대신 다른 거 하면 안 될까요?"라고 말했다. 이에 에릭은 "난 당신이 낚시를 정말 좋아하는 줄 알았는데!"라고 말했다. 아만다는 "이제 지겨워요. 다른 할 거 없나요?"라고 대답했다.

일주일 후, 아만다는 연극을 보러 가자고 에릭에게 제안했고, 그럴 바에는 차라리 집에서 영화를 보겠다는 에릭의 대답에 충격을 받았다. 이들은 배우자를 찾는 목적을 달성하고 나자 게을러진 것처럼 느껴졌다. 예전처럼 이야기하지도 않았다. 열정이 식어 버렸기 때문이다. 아만다는 자신이 원했던 이상적인 남편의 모습에 부합하지 않는 에릭에게 실망감을 느꼈다. 때로는 에릭의 이기적인 모습에 놀라기까지 했다. 이전처럼 자신을 신경 써주지 않는 것 같았다. 에릭 역시 점점 개인적이고 적대적으로 변해가는 아만다 때문에 마음이 불편했다. 그리고 아만다의 이혼한 부모님과 가까워지면서 장모님이 장인어른을 대하는 방식과 똑같이 아만다가 자신을 대한다는 것을 깨달았다. 에릭은 결혼 이후 너무나 자기중심적으로 변한 아만다의 모습에 혼란스러웠다. 둘은 생각했다. '어쩌면 우리는 서로 맞지 않았던 걸 수도 있어. 우리가 큰 실수를 한 걸지도 몰라.'

1. 왜 에릭과 아만다는 결혼 후 얼마 되지 않아 서로에게 실망하게 되었을까?

   _____
   _____

2. 순탄한 결혼 생활을 위해 이들이 결혼 전 할 수 있었던 일은 어떤 것이 있었을까?

   _____
   _____

#성경적 원리

결혼에 대한 세상의 청사진은 한마디로 정의될 수 있다. '50대 50의 관계'. 대부분의 사람들은 결혼을 이렇게 생각하고 있으며 겉으로 보기에는 합리적인 것처럼 느껴진다. "나는 내 할 일을 하고, 남편은 남편의 할 일을 한 뒤 우리는 중간 지점에서 만나면 된다."

하지만 이러한 계획은 실패로 가는 지름길이다. 그 이유는 다음과 같다.

- 결혼에 대해 가지고 있는 비현실적인 기대치가 반영되지 않았다.
- 여러분과 배우자의 관계에서 자연스럽게 나타나는 이기심을 고려한 계산이 아니다.

이를 고려해볼 때, 여러분과 배우자가 중간 지점에서 만난다는 것은 불가능한 일임을 알 수 있다.

다행히 성경은 더 좋은 계획을 제시하고 있다. 다시 창세기로 돌아가 보자. 그리고 하나님의 청사진에 따라 결혼을 세우는 데 필요한 네 가지 요소에 대해 알아보자. 결혼에 대한 성경적 원리는 수천 년 전에 세워진 것이다. 하지만 이 원리는 세월이 흘러도 변치 않으며, 오랜 시간이 흐른 만큼 그 효과가 입증되었기 때문에 오늘날의 결혼에도 충분히 적용할 수 있다.

1. 배우자 받아들이기

창세기 2:21~22 말씀은 다음과 같다.

> "여호와 하나님이 아담을 깊이 잠들게 하시니 잠들매 그가 그 갈빗대 하나를 취하고 살로 대신 채우시고 여호와 하나님이 아담에게서 취하신 그 갈빗대로 여자를 만드시고 그를 아담에게로 이끌어 오시니"

하나님께서는 아담에게 '돕는 배필' (창세기 2:18)을 만들어 주셨다. 하지만 한 가지 의문점이 있다. 아담의 반응은 어땠을까? 하나님께서 아담의 갈빗대를 취하기 위해 아담을 깊이 잠들게 하기 전 아담은 동물들의 이름을 붙여주느라 정신없이 바빴다. 그러던 중 그의 앞에 나타난 하나님께서 손수 지으신 돕는 배필, 하와를 보게 되었다.

1. 아담이 하와를 처음 보았을 때, 그녀에 관해 알고 있었던 것은 무엇이라고 생각하는가?

   _____
   _____

2. 그렇다면 아담은 어떻게 반응하였는가?

   > "아담이 이르되 이는 내 뼈 중의 뼈요 살 중의 살이라 이것을 남자에게서 취하였은즉 여자라 부르리라 하니라" (창세기 2:23)

   _____
   _____

쉽게 풀어쓴 성경에서는 아담의 반응을 가장 생생하게 보여주고 있다.

"바로 이거야!" 그리고 히브리어를 다르게 번역하면, "세상에, 왜 이제서야 나타난 거예요?"라고 표현할 수도 있다. 다시 말해, 아담은 너무 기뻐 어찌할 바를 몰랐던 것이다.

3. 아담은 알지도 못했던 여자에 대해 왜 그렇게 기뻐했을까?
_____
_____

이 성경 구절은 결혼의 가장 기본적인 원리를 보여주고 있다. 하나님께서 함께 갈 수 있는 배우자를 예비해 주셨으므로 여러분도 아담처럼 그 배우자를 받아들여야 한다는 것이다. 배우자를 받아들이는 것은 하나님의 온전하심에 대한 여러분의 믿음을 보여주는 것이다.

아담의 마음은 하와가 아닌 여호와의 흠 없는 성품에 초점이 맞추어져 있었다. 아담은 하나님을 알고 있었고, 신뢰하였다. 아담이 열성적으로 하와를 받아들인 이유는 그녀가 하나님께서 보내주신 배필임을 알았기 때문이다. 아담은 하나님을 향한 믿음을 통해 하와를 하나님께서 주신 완벽한 배필로 받아들일 수 있었다.

4. 다음 문장을 완성하라. '만약 내 약혼자가 하나님께서 주신 배필이라면, 그녀 또는 그를 하나님께서 주시는 선물로 받아들이기 위해 나는…'
_____
_____
_____

아담이 하와를 받아들인 것처럼 여러분도 그렇게 배우자를 받아들여야 한다. 여러분의 약혼자가 하나님께서 예비해주신 배필임을 확신했다면 여러분은 그 약혼자의 강점과 약점 모두를 받아들여야 한다. 여러분은 이미 알고 있는 약혼자의 좋은 습관과 아직 알지 못하는 나쁜 습관까지 무조건 받아들일 수 있는가? 상대방의 매력적인 외모에서 눈을 들어 약혼자를 예비해주신 전능하신 하나님을 바라볼 수 있겠는가?

배우자를 받아들이는 것은 결혼 서약을 낭독하면서 내리는 단순한 결정이 아니다. 이를 위해서는 결혼 생활 내내 계속해서 상대를 받아들이고자 노력하는 태도가 필요하다.

결혼식 후 몇 개월 또는 몇 년이 지나면 여러분은 서로의 약점과 결점에 대해 점점 더 잘 알게 될 것이다. 하나님께서 예비해주신 배필로 서로를 받아들이기로 한 맹세를 떠올릴수록 둘의 결혼은 더욱 견고해질 것이다. 여러분에 대해 가장 많이 알고, 여러분을 가장 많이 사랑해주는 한 사람과 함께 하는 결혼 생활은 참으로 특별할 것이다.

5. 여러분의 배우자를 계속해서 받아들이고자 노력하지 않는 경우 어떠한 결과를 초래할 수 있겠는가? 그러한 결혼이 5년 또는 10년 뒤 어떻게 될지 적어보자.

_____
_____

2. 부모를 떠나라

하나님께서 어떻게 결혼을 예비하시는지 알아보기 위해 창세기를 좀 더 살펴보자.

> "이러므로 남자가 부모를 떠나 그의 아내와 합하여 둘이 한 몸을 이룰지로다" (창세기 2:24)

아이들은 물질적인 것뿐만 아니라 정신적인 부분까지 부모님에게 의존한다. 부모는 아이들에게 의식주를 제공해 주어야 할 뿐만 아니라, 정서적 안정, 경건한 가치관, 그리고 영적 성장을 책임져야 한다. 하지만 의사가 태아와 어머니를 연결하는 탯줄을 끊듯이, 여러분 또한 부모님께 의존하고 무조건 따르는 탯줄을 끊어버려야 한다. 물론 항상 부모를 공경해야 하지만 창세기 2장 24절이 말하는 것처럼 부모를 떠나지 않는다면 여러분은 남편과 아내로서 서로에게 온전히 의지하지 못하게 된다.

부모를 떠나는 데 필요한 것은 두 가지다.

- 이제는 부모님께 의존하지 말자. 이는 물질적인 것과 정신적인 것을 모두 포함한다. 남자와 여자에게 있어 결혼식은 미국의 독립기념일과 같은 존재라고 할 수 있다. 바로 독립을 선언하는 날이기 때문이다.

- 부모님을 무조건 따르는 것 역시 지양하자. 결혼식을 통해 공식적으로 부부의 우선순위가 바뀌게 된다. 부모를 공경하고 따라야 하는 것에는 변함이 없다. 하지만 여러분의 첫 번째 우선순위이자, 가장 충실해야 하는 존재는 이제 배우자가 되는 것이다.

6. 성경의 '남자가 부모를 떠나'라는 구절에 대해 여러분이 생각하는 정의를 한 문장으로 내려보자.

_____
_____

7. 결혼 후에도 부모에게 독립하지 못하는 경우는 어떤 것이 있을까?

_____
_____

8. 결혼 후에도 부모를 계속해서 무조건 따르게 되는 경우는 어떤 것이 있을까?

_____
_____

9. 여러분의 부모님 또는 약혼자의 부모님이 여러분을 떠나보낼 때 어떠한 점이 힘들 것으로 생각하는가?

_____
_____

3. 배우자와 연합하기

창세기 2장 24절은 우리가 부모를 떠난 후 '그의 아내와 합해야' 한다고 말하고 있다. 연합한다는 뜻은 마치 접착제로 붙이듯 붙어야 한다는 뜻이다. 그리고 떨어질 수 없는 영구적인 접착을 의미한다.

10. 결혼 관계에서 여러분과 배우자를 떨어지지 않게 해주는 것은 무엇이 있는가? (택1)
   □ 이혼을 하면 가족의 명예를 더럽힐 것이라는 두려움
   □ 세금 감면 혜택
   □ 이혼이 직장 경력에 미칠 수 있는 부정적인 영향
   □ 배우자와 하나님께 헌신하겠다고 한 맹세
   □ 의사소통 및 문제해결 능력

결혼식 날, 여러분은 배우자와 함께 세상에서 가장 엄숙한 맹세를 하게 될 것이다. 바로 혼인 서약이다. 이 서약은 평생 유효하며 단순히 두 사람만의 약속이 아닌 남편, 아내, 그리고 하나님과의 약속이다. 여러분은 혼인 서약을 통해 다음 세 가지를 맹세하게 된다.

- 평생 결혼 생활을 이어갈 것
- 서로를 사랑하고 보듬어줄 것
- 서로 정절을 지킬 것

오늘날 수많은 사람이 이혼하는 이유는 바로 이혼을 하지 않겠다는 굳은 확신 없이 결혼 생활에 뛰어들기 때문이다. 이들에게는 이번 결혼이 잘 되지 않으면 다른 사람을 찾으면 된다는 생각이 마음속 저편에 자리 잡고 있다.

결혼할 때는 반드시 혼인 서약을 지킬 것이라는 확신을 가지고 있어야 한다. 이 신성하고 조건 없는 맹세가 바로 견고한 결혼을 가능하게 해주기 때문이다. 완전한 헌신이 아닌 부분적인 헌신은 불안감을 조성할 뿐이고 결국 결혼 생활이 실패로 끝날 수 있다.

11. 다음 성경 구절을 읽어보자.

"그에게는 영이 충만하였으나 오직 하나를 만들지 아니하셨느냐 어찌하여 하나만 만드셨느냐 이는 경건한 자손을 얻고자 하심이라 그러므로 네 심령을 삼가 지켜 어려서 맞이한 아내에게 거짓을 행하지 말지니라 이스라엘의 하나님 여호와가 이르노니 나는 이혼하는 것과 옷으로 학대를 가리는 자를 미워하노라 만군의 여호와의 말이니라 그러므로 너희 심령을 삼가 지켜 거짓을 행하지 말지니라" (말라기 2:15~16)

"바리새인들이 예수께 나아와 그를 시험하여 이르되 사람이 어떤 이유가 있으면 그 아내를 버리는 것이 옳으니이까 예수께서 대답하여 이르시되 사람을 지으신 이가 본래 그들을 남자와 여자로 지으시고 말씀하시기를 그러므로 사람이 그 부모를 떠나서 아내에게 합하여 그 둘이 한 몸이 될지니라 하신 것을 읽지 못하였느냐 그런즉 이제 둘이 아니요 한 몸이니 그러므로 하나님이 짝지어 주신 것을 사람이 나누지 못할지니라 하시니" (마태복음 19:3~6)

하나님께서 이혼에 대해 강경한 태도를 보이시는 이유가 무엇이라고 생각하는가? (지금까지 배운 결혼에 대한 주님의 목적과 계획을 생각해 보자)

작가 엘리자베스 엘리엇은 "사랑은 상대의 행복을 위해주는 것이다."라고 말했다. 이는 단순히 느낌이나 감정에 따라 나오는 행동이 아니다. 평생 서로에게 헌신하겠다는 맹세를 통해 경험할 수 있다. 혼인 서약은 상대에게 충성하고 헌신하여 배우자의 행복을 위해 주겠다는 맹세이다. 이 약속은 무조건적이고, 돌이킬 수 없으며, 영원히 지속된다. 그리고 평생 그 한 사람과 함께하겠다는 여러분의 확고한 의지를 보여주는 것이다.

혼인 서약을 충실히 지킨다면 여러분은 결혼에 대한 하나님의 목적을 충실히 달성하게 되는 것이다. 또한, 이를 통해 하나님이 어떠한 분이신지 이 세상에게 보여주는 증인으로 설 수 있다. 서로를 향한 조건 없는 헌신이 바로 여러분을 향한 여호와의 무조건적인 헌신을 나타내기 때문이다. 따라서 이혼은 여러분 스스로와 여러분이 사랑하는 사람들을 다치게 할 수 있을 뿐만 아니라, 하나님의 명예와도 관련이 있다.

4. 한 몸 이루기

창세기 2장 24절을 통해 우리는 남자가 부모를 떠나 그의 아내와 합하여 둘이 한 몸을 이뤄야 한다는 것을 배웠다. 부부관계는 결혼의 완성일 뿐만 아니라 부부가 하나가 됨으로써 결혼 생활에서 경험할 수 있는 일체감을 상징한다. 그렇기 때문에 결혼 생활은 '1+1=1'이라고 말하는 것이다.

부부관계는 부부가 한 몸을 이루는 데 있어 중요한 부분이지만, 결코 그것이 전부는 아니다. 한 몸을 이루는 것은 깊은 관계적 친밀감을 동반한다. 기독교 심리학자 클리포드 패너와 조이스 패너는 '한 몸'에 대해 다음과 같이 말하고 있다.

'한 몸'이라는 것은 단순한 육체적인 교감 그 이상의 것을 의미한다. 성경은 남편과 아내를 완전한 존재로 만드는 신성한 결합에 관해 이야기하는 것이다.

부부관계는 단순히 육체적인 것만이 아니다. 부부는 서로에게 자신을 내어주는 과정에서 지성, 감정, 의지, 그리고 영적으로 하나 되는 온전한 존재가 될 수 있다.

결혼에 대한 하나님의 계획하심 안에서 '한 몸을 이루는 것'을 살펴보자. 서로를 향한 맹세를 하기 전이 아닌, 그 후에 한 몸을 이루어야 한다는 것을 알 수 있을 것이다. 서로를 받아들이고, 부모를 떠나고, 그 다음 한 몸을 이루는 것이다. 이처럼 하나님께서는 결혼 안에서 성적 관계를 갖도록 계획하셨다. (마가복음 7:21, 로마서 13:13, 데살로니가전서 4:3)

부부관계에 대해서는 4부의 4장에서 좀 더 자세히 다룰 것이다. 하지만 하나님께서 부부를 이루시기 위해 계획하신 그 과정을 기억하도록 하자. (창세기 2:18~25)

- 남자는 혼자였다.
- 그에게는 필요한 것이 생겼다.
- 하나님께서 그의 필요를 채워주셨다.
- 남자는 하나님의 채워주심을 받았다.
- 남자와 여자는 부모를 떠난다.
- 그들은 서로 합하였다.
- 그리고 한 몸을 이루었다.
- 이를 통해 친밀감과 일체감을 경험하였다.

결혼에 대한 하나님의 목적과 예비하심을 일상에서 받아들인다면 여러분은 배우자와 진정한 하나가 될 수 있다. 결혼식 전에는 한 남자와 한 여자가 있었으나, 결혼식 후에는 '우리'라고 부를 수 있는 하나의 독립체가 생긴다. 어느 결혼이나 마찬가지이다. 이것이 바로 하나님께서 말씀하시는 한 몸이며, 함께 성장하고 번창해 나가는 관계이다. 그리고 이것을 우리는 '일체감'이라고 부른다.

여러분과 약혼자가 서로를 받아들이고, 부모를 떠나고, 서로와 합해 한 몸을 이루는 과정을 충실히 이행한다면, 여러분은 하나님의 계획하심에 따라 결혼을 세워나가는 것이다. 여호와의 신비로운 '1+1=1'을 경험할 준비를 하길 바란다.

5. 완벽한 하나가 되는 결혼

하나님의 계획하심에 따라 결혼을 세워나가게 되면, 그에 따른 혜택이 따라오게 된다. 전도서 4장 9~10절은 이렇게 말하고 있다. "두 사람이 한 사람보다 나음은 그들이 수고함으로 좋은 상을 얻을 것임이라 혹시 그들이 넘어지면 하나가 그 동무를 붙들어 일으키려니와 홀로 있어 넘어지고 붙들어 일으킬 자가 없는 자에게는 화가 있으리라"

두 사람이 완벽한 하나가 되는 결혼은 세상적인 결혼인 50 대 50 방식과 대조된다. 하나님의 방식은 100 대 100으로 아내와 남편이 서로에게 온전히 헌신하며 개인적인 이기심을 버리고 진실한 친밀감을 경험하는 것이며 손해를 보지 않으려고 정확히 절반의 노력만 기울이려는 세상적인 결혼이 아닌, 서로와 함께하기 위해 모든 노력을 기울이는 것이다.

결혼에 대한 하나님의 목적과 계획하심에 대해 살펴보면서 우리는 견고한 결혼 관계를 위해 우리가 지켜야 하는 것들을 알아보았다. 그리고 우리가 지금까지 배운 것을 통해 가장 중요한 한 가지 핵심을 알 수 있다. 하나님께서 의도하신 대로 결혼을 이끌어 나가려면 여러분의 관계 중심에 반드시 하나님이 계셔야 한다는 것이다. 완전한 하나가 되는 결혼은 바로 남자와 여자, 그리고 하나님 사이의 깊은 영적 관계를 통해 이룰 수 있다. 이를 위해서 평생 하나님께 의존하고 그분의 계획하심을 따라 지속적인 관계를 유지해 나가는 것이 필요하다.

여러분이 지금까지 풀어야 했던 문제 중 가장 중요하면서도 답하기 어려운 다음 질문에 답해보길 바란다.

여러분 삶의 중심에 그리스도가 계시는가?

결혼을 향한 하나님의 목적과 계획에 따라 충실하게 살아가기 위해서는 하나님의 도우심이 필요하다. 그렇기에 그분과 관계 맺음이 필요한 것이다. 자신의 영적 상태를 살펴보면서 다음 질문에 답해보자.

- 예수 그리스도를 나의 구세주이자, 주님으로 영접한 적이 있는가?
- 최근 몇 년간 하나님께서 여러분의 삶에 개입하셨는가?
- 여러분과 하나님과의 관계가 성장하고 있는가?

만약 위의 질문에 답하기 어렵다면 p.285의 '근본적인 해결책'을 읽어보길 바란다. 예수님과의 관계를 어떻게 경험할 수 있는지 배울 수 있을 것이다.

하나님께서 여러분을 남편과 아내로 부르시는가?

이 질문은 결혼을 고려하는 크리스천 커플에게 가장 중요하면서도 답하기 어려운 문제이다. 이에 답하기 위해서는 다음과 같은 준비가 필요하다.

- 여러분의 관계를 진실한 눈으로 바라볼 수 있어야 한다. 서로 얼마나 잘 맞는지, 강점과 약점은 무엇인지, 그리고 관계에 대한 단호한 결정을 내릴 수 있는지 그 여부에 대해 생각해 보자.
- 하나님께서 어떻게 우리의 삶을 이끄시는지에 대한 성경적 지식이 필요하다.

위의 문제들은 다음 장과 그 다음 장에서 다룰 것이다. 그리고 이를 통해 여러분은 관계를 진실한 눈으로 바라볼 기회를 얻게 될 뿐만 아니라, 여러분의 관계가 올바른 방향으로 가고 있는지에 대해 알게 될 것이다. 또한 여러분이 이미 결정을 내린 부분에 대해서 확신을 갖게 될 수 있다.

02
The 아름다운 결혼을 위한 지침

- 하나님의 온전하심에 대한 믿음을 통해 여러분의 배우자를 주님께서 예비해주신 완벽한 선물로 받아들여야 한다.

- 부모에게 의존하거나 무조건 따르지 않고 부모를 떠나야 한다.

- 여러분의 배우자와 연합하는 것은 무조건적이며 되돌릴 수 없는 여러분의 선택이다. 결혼은 영원하고 신성한 서약이기에 가볍게 여겨져서는 안 된다.

- 한 몸이 되어 신성하고 신비스러운 결합을 이루어야 한다. 이는 감정과 육체, 그리고 영적 투명성의 결합이기에 결혼 전에 이뤄지는 것은 하나님의 계획에 어긋나는 것이다.

- 하나님의 계획하심에 따라 결혼을 세워나가면 '1+1=1'이 된다.

- 삶과 결혼의 중심에 반드시 하나님이 계셔야 한다.

#진실한 대화

약혼자와 함께 다음 활동을 해보자.

1. '생각해 보기' 및 '성경적 원리'에 대해 몇 분간 이야기해 보고, 질문에 대한 대답을 서로 나눠보자. 그리고 왜 그러한 대답을 했는지 약혼자에게 물어보도록 하자.

2. 다음 두 질문에 개별적으로 답하고 서로 그 대답을 나눠보자.

   a. 여러분이 부모를 떠난다는 의미에서 더 이상 의존하지 않는 것과 계속해서 의존한다는 것, 둘 중 어떤 것이 더 힘들 것이라고 생각하는가?

   _____
   _____

   b. 그리고 위에서 언급한 두 가지 중 여러분의 약혼자에게 가장 힘들 것이라고 생각되는 것은 무엇인가?

3. 부모에게 의존하거나 무조건 따르지 않고도 각자의 부모님을 공경할 수 있는 방법에 대해 약혼자와 이야기해 보자.

4. 지금까지 여러분은 이혼에 대해 어떤 생각을 하고 있었나? 가족사로 인해 비롯된 생각인가?

5. 다음 문장에 동의하는지 아닌지, 그리고 그 이유는 무엇인지 말해 보자. "예수 그리스도는 내 삶의 중심에 계신다."

6. 다음 문장에 동의하는지 아닌지, 그리고 그 이유는 무엇인지 말해 보자. "예수 그리스도께서 우리의 관계 중심에 계시며 탄탄한 기반이 되어 주신다."

7. 마지막으로 하나님께서 여러분의 결혼을 어떻게 이끌어 주시기 원하는지 간단히 한 문장으로 적어보자.

_____
_____

기도하기

기도를 더욱 효과적으로 하기 위한 좋은 방법은 기도문을 적는 것이다. 잠시 시간을 갖고 하나님의 계획하심에 따라 여러분의 결혼을 세우기 원한다는 기도문을 2~3개의 문장으로 써 보자. 다음 예시 기도문을 참고해도 좋다.

하나님 아버지,
결혼의 창조자이신 하나님께 영광을 돌리는 가정을 만들어 가는 것이 저희의 소망입니다. 이를 위해서 하나님의 계획에 따라 함께 노력하는 것이 필요함을 배웠습니다. 지금 서로 용납하고, 떠나고, 연합하고 또 한 몸이 되는 하나님의 계획을 저희의 결혼 청사진으로 삼을 것을 서약합니다. 예수님의 이름으로 기도합니다. 아멘.

_____
_____
_____

기도문 작성이 끝나면 무릎을 꿇고 약혼자와 함께 하나님에게 기도드리는 시간을 갖길 바란다.

심화 학습

1. 데니스 레이니가 쓴 『내 곁에 있는 당신』의 12장을 읽어보자.

2. p.251의 '순결 서약' 부분을 읽고 순결 서약서를 작성하라.

#재혼자를 위한 특별한 질문

1. 첫 번째 결혼 생활에서 배우자를 받아들이기 힘들었는가? 어떠한 점에서 그러했는가?

2. 부모를 떠나는 것이 어려웠는가? 이유는 무엇인가?

3. 평생 함께하겠다는 각오로 결혼 생활을 시작했었는가? 되돌아보면 어떤 점이 그러한 각오를 점점 무너뜨렸는가?

4. 새롭게 시작하는 결혼 생활에서는 다음과 같은 부분에서 어떠한 어려움이 있을 것이라고 생각하는가?

배우자를 받아들이는 것
_____

부모를 떠나는 것
_____

배우자와 합하는 것
_____

한 몸을 이루는 것
_____

5. 만약 여러분의 약혼자에게 자녀가 있다면 이는 여러분이 약혼자를 하나님의 선물로 받아들이는 것에 어떠한 영향을 미치고 있는가?
_____
_____

6. 전 배우자의 가족과는 어떤 관계를 유지할 것인가? 자녀들은 전 배우자의 가족과 어떤 관계를 유지하게 할 것인가?
_____
_____

3부
확신갖기

한 번의 선택이 평생을 좌우한다

두 사람이 결혼해서 매일매일 함께 산다는 것은
로마 교황청이 간과해 온 의심할 바 없는 기적이다.

- 빌 코스비 -

1장 관계 평가하기

#방향 찾기

결혼에 있어 올바른 결정을 내리기 위해서는 맑은 정신으로 여러분의 관계를 평가해 보아야 한다.

#생각해 보기

배우자와의 관계는 그 어떤 인간관계보다도 인생의 진로에 큰 영향을 미친다. 하지만 많은 사람들이 격한 감정에 휩쓸려 제대로 생각해볼 틈도 없이 결혼에 대한 결정을 내린다. 달콤한 사랑에 빠져 반드시 해결해야 할 중요한 문제들을 해결하지 못한 채 백년가약을 맺어버리는 것이다.

이번 장에서는 여러분의 관계를 평가해 보고, 중요한 문제들을 깊이 생각해볼 수 있다. 진지하게 결혼을 고려하는 중이라면 이번 과정을 통해 여러분의 관계에 관해 답하기 쉽지 않은 질문들을 접하게 될 것이다. 시작하기 전 다음을 참고하라.

- 서로 얼마나 잘 맞는지 평가해보자.
- 당신과 약혼자와의 관계를 평가하는 데 방해가 되는 장애물을 바로 알고, 해결하자.

이 과정이 너무 현실적으로 느껴질 수도 있을 것이다. 하지만 여러분이 하나님께서 의도하신 대로 진정한 하나를 이루는 결혼을 목표로 한다면, 여러분의 이성과 의지, 그리고 감정을 모두 합해 결혼에 대한 결정을 내려야 할 것이다.

만약 결혼을 하겠다고 이미 결정했다면, 이번 과정을 통해 여러분의 결정에 확신을 얻기 바란다. 하나님께서 여러분에게 원하시는 것이 무엇인지 들을 수 있도록 귀를 기울이고, 그분께 어려운 문제를 질문하라. 그리고 솔직해질 수 있는 용기를 얻어라.

아직 결혼에 대한 결정을 내리지 않았다면 이번 과정을 잘 따라가기 바란다. 그러면 여러분이 내린 결정이 현명하고, 합리적이며, 성경에 따른 것인지 확신할 수 있게 될 것이다.

진리탐구

두 사람이 서로 잘 맞으면 조화롭게 살아갈 수 있다. 이들은 전혀 다른 성격과 관심사를 갖고 있을 수도 있다. 하지만 잘 맞는 부분이 있기에 서로 다른 점을 극복하고 함께 살아가는 법을 배우게 되는 것이다.

○ 조화로운 관계

여러분의 관계가 점점 깊어진다면 여러분이 일상에서 접하는 관계에 대해 살펴볼 필요가 있다. 인간관계나 교우 관계에 대해 알아보고, 여러분과 약혼자의 성격이 어떤 식으로 조화를 이루는지도 알아보자.

상담 전문가나 멘토와 만남을 갖고 있다면, 여러분은 이미 성격이나 기질적 특성을 알아보는 과정을 마쳤을 수도 있다. 테일러 존슨 성격 분석 검사, 프리페어 성격 관계 검사, 마이어브릭스 성격 유형 지표(MBTI)와 같은 검사를 통해 여러분은 약혼자와 성격이 얼마나 잘 맞는지에 대한 귀중한 정보를 얻을 수 있다. 만약 이러한 검사를 받을 계획이 없다면 이번 과정을 통해 배우자와 여러분의 성격이 어떻게 조화를 이루는지에 대해 한번 알아보길 바란다.

1. 다음 표를 완성해 보자. 각 항목을 보고 여러분을 가장 잘 나타내는 숫자에 X표를, 여러분의 약혼자를 표현하는 숫자에는 O표를 쳐보자. 예를 들어, 여러분이 충동적이기보단 엄격하다고 생각된다면, 왼쪽에 있는 숫자에 X표를 치는 것이다. 그리고 여러분의 약혼자가 굉장히 충동적이라고 생각된다면, 오른쪽 끝의 숫자에 O표시를 하면 된다.

자제력 있음	1 2 3 4 5 6 7 8 9 10	충동적임
고집이 셈	1 2 3 4 5 6 7 8 9 10	유순함
공격적 / 적극적임	1 2 3 4 5 6 7 8 9 10	순응적 / 수동적임
업무 중심적임	1 2 3 4 5 6 7 8 9 10	사람 중심적임
비관적임	1 2 3 4 5 6 7 8 9 10	낙천적임
신속함	1 2 3 4 5 6 7 8 9 10	느긋함
활발함	1 2 3 4 5 6 7 8 9 10	내성적임

공감적임	1 2 3 4 5 6 7 8 9 10	무감각함
높은 결단력	1 2 3 4 5 6 7 8 9 10	우유부단함
긴장함	1 2 3 4 5 6 7 8 9 10	여유로움
개방적 감정 표현	1 2 3 4 5 6 7 8 9 10	폐쇄적 감정 표현
높은 자존감	1 2 3 4 5 6 7 8 9 10	낮은 자존감
비판적임	1 2 3 4 5 6 7 8 9 10	인내심
이상적임	1 2 3 4 5 6 7 8 9 10	현실적임
강압적임	1 2 3 4 5 6 7 8 9 10	관대함
다정함	1 2 3 4 5 6 7 8 9 10	무뚝뚝함
말이 많음	1 2 3 4 5 6 7 8 9 10	조용함
책임감	1 2 3 4 5 6 7 8 9 10	무책임함

2. 어떤 항목에서 당신과 약혼자가 서로를 보완해주고 있는가?

_____

_____

3. 서로의 다른 점이 두 사람의 관계를 돈독하게 해준 경험이 있는가?

_____

_____

4. 서로 다른 점으로 인해 마찰이나 갈등이 생겼던 경우는 언제였는가?

_____

_____

5. 상대와 얼마나 자주 갈등을 겪는가? 그리고 어떻게 해결하는가?

_____
_____

6. 여러분의 관계에 대해 친구와 가족의 의견은 어떠한가? 당신과 약혼자가 잘 맞는다고 생각하는가?

_____
_____

7. 위에서 다룬 항목 중에 여러분이 이 관계를 지속해 나가야 하는지 의심을 품게 한 것이 있었는가?

_____
_____

조화로운 관계와 헌신에 대한 조언

위에서 다룬 항목에 대해 명백한 공식은 없다. 중요한 것은 이러한 성격적 요소들이 여러분의 관계에서 어떻게 작용하는지, 그리고 여러분이 이에 대해 어떻게 느끼느냐이다. 예를 들어, 여러분은 타인과 관계 맺는 방식에서 상대방과 달라 이에 대해 염려할 수도 있다. 하지만 이러한 차이점들이 독특한 방법으로 서로를 보완해 준다는 것을 깨닫게 될 것이다.

하나님께서는 여러 면에서 굉장히 다른 두 사람을 종종 부부로 택하신다. 예를 들어, 성격이 급한 아내가 성격이 느긋한 남편을 만나게 되는 것처럼 말이다. 또는 사람 중심적인 남편이 업무 중심적인 아내를 만날 수도 있다.

성격적 부분에서 서로의 공통점과 차이점을 알아보는 것은 서로가 잘 맞는지 알아보기 위한 첫 단계에 불과하다. 이제 여러분은 이러한 다른 점이 어떻게 서로를 보완해줄 수 있는지, 그리고 서로에 대한 헌신을 통해 어떻게 이러한 차이점을 극복해 나갈 것인지에 대해 알아가야 한다.

○ 영적인 조화

결혼은 영적인 관계로 이뤄지는 것이기 때문에 영적인 조화가 그 어떠한 것보다 두 사람의 관계에 큰 영향을 미친다. 여기서 알아볼 것이 두 가지 있다.

1. 두 사람 다 기독교인인가?

고린도후서에서 바울은 다음과 같이 말한다.

> "너희는 믿지 않는 자와 멍에를 함께 메지 말라 의와 불법이 어찌 함께 하며 빛과 어둠이 어찌 사귀며 그리스도와 벨리알이 어찌 조화되며 믿는 자와 믿지 않는 자가 어찌 상관하며" (고린도후서 6:14-15)

신앙적 가치와 신뢰, 그리고 사랑을 토대로 관계를 세우는 것은 크리스천의 삶에 필수적이다. 특히 인간관계 중 가장 중요한 결혼에 있어서는 더욱 그렇다. 결혼은 하나님께서 디자인하신 것이기에 남편과 아내가 모두 하나님과의 관계 안에서 성장할 때 결혼의 성취감과 기쁨을 누릴 수 있다.

영적인 조화를 이루지 못하는 사람과 결혼을 하면 다음과 같은 불만이 쌓이게 된다.

- 삶에서 가장 중요하고 사적인 부분을 배우자와 함께 나누지 못한다.
- 서로 다른 목표와 기대치를 갖게 된다.
- 자녀 교육에 있어 서로의 가치관이 충돌한다.

- 서로 다른 부류의 친구들과 교제한다.
- 갈등을 해결하는 것과 소통하는 문제에서 어려움을 겪는다.

만약 부부 중 한 사람만 예수 그리스도를 구세주로 영접하고 있다면 그 관계를 신중하게 고려해야 한다. 선교사의 사명으로 여겨 결혼할 수 있고 안 믿는 배우자를 그리스도께 인도하는 것이 불가능한 일은 아니지만, 결코 쉬운 일도 아니라는 것을 명심해야 한다.

만약 두 사람 모두 그리스도를 구세주로 영접하지 않았다면, 하나님을 알아가는 일에 좀 더 집중하길 바란다. 교회를 다니는 친구들이나 사역자와 대화하는 시간을 통해 하나님과의 견고한 관계를 세우길 바란다.

2. 신앙의 성장과 하나님을 섬기는 일에 전념하고 있는가?

많은 기독교인들 중에도 서로의 영적인 부분이 얼마나 맞는지 알아보는 커플은 많지 않은 것 같다.

요한일서 2장 15절은 "이 세상이나 세상에 있는 것들을 사랑하지 말라 누구든지 세상을 사랑하면 아버지의 사랑이 그 안에 있지 아니하니"라고 말하고 있다. 여러분과 약혼자 둘 다 하나님을 영접하고 있다 해도 한 사람이 하나님을 사랑하는 것보다 세상적인 것을 더 사랑한다면, 두 사람은 결혼 후 여러가지 문제를 경험하게 될 것이다. 그리고 배우자와 다른 목표와 가치관을 갖게 될 것이고, 서로 원하는 삶의 방향도 다를 것이다.

하지만 만약 두 사람 모두 예수 그리스도 안에서 성장해 나간다면 결혼 안에서 특별한 기쁨과 동행을 경험할 수 있다. 육상 경기 코치는 장거리 육상 선수들을 개인이 아닌 단체로 훈련시킨다. 단체로 연습하면 선수들이 서로를 격려해 주면서 피로와 고통에서 벗어날 수 있도록 서로 이끌어 주기 때문이다. 실제로 육상 선수가 혼자 달릴 때보다 단체로 달릴 때 더 빨리 달릴 수 있으며, 피로도 덜 느낀다고 한다.

이처럼 하나님을 향한 신실한 믿음을 지닌 부부는 주님께 시선을 고정시킨 채 히브리서 12장 1절 말씀처럼 '인내로써 우리 앞에 당한 경주'를 할 수 있게 된다.

서로의 신앙이 조화를 이루는지 알아보기 위해 다음 질문에 답해보자.

- 두 사람 모두 하나님을 알아가고 싶고, 그분을 기쁘게 해드리고 싶은가?
- 둘 중 하나가 거짓 신앙을 가지고 있다는 생각이 드는가?
- 말과 행동이 일치하는가?
- 모든 면에서 하나님께 복종하고자 하는 모습을 꾸준히 보이는가?
- 다른 사람에게 하나님을 알릴 때 각자 어떠한 것을 우선으로 삼는가?
- 하나님께서 이끌어 주시는 대로 따라가고자 하는가?

만약 영적인 부분에서 여러분과 약혼자가 맞지 않는다는 의심을 떨쳐 버릴 수 없다면 결혼 계획을 미뤄야 한다. 그렇지 않으면 여러분은 결혼생활에서 참혹한 고립을 경험하게 될지도 모른다.

8. 현재 당신과 약혼자는 서로 영적으로 얼마나 맞는가?

_____

_____

9. 영적 조화를 이루기 위해 여러분은 어떠한 변화가 필요하다고 생각하는가?

_____
_____

10. 그리고 더욱 조화로운 영적 상태를 위해 당신의 약혼자는 어떠한 변화가 필요한가?

_____
_____
_____

안개 속 진리 찾기

자욱한 안개를 헤치고 운전을 해본 적이 있는가? 굉장히 으스스하고 겁나는 일이다. 바로 앞부분만 겨우 볼 수 있기 때문이다. 지나치는 건물과 다른 차는 마치 유령처럼 보이고 아무 소리도 들리지 않는다.

이처럼 안개 속에서 운전하는 일은 위험한 일인데, 만약 속도를 내면서 달린다면 더욱더 위험해진다. 하지만 많은 커플이 시속 110km가 넘는 속도로 안개 속을 달리고 있다. 이들은 10m 앞에 무엇이 있는지 보이지도 않으면서, 자신들은 안전할 것이라는 극도의 자신감을 갖고 있다.

이전엔 명료하게 보였던 것들이 모순되는 생각과 감정으로 인해 잔뜩 구름이 끼어 보이지 않음에도 불구하고, 이들은 속도를 줄이지 않은 채 계속해서 관계를 발전시켜 나간다.

○ 이상적인 생각

　남녀 관계를 통해 얻는 즐거움은 모든 것을 아름다워 보이게 한다. 이 때문에 상대방의 결점이 눈에 보이지 않는 경우도 있다. 하지만 만약 상대의 결점이 보인다 할지라도 결혼 후에 이러한 결점이 사라지리라 확신하기도 한다.

○ 외로움

　여러분은 이제 더 이상 혼자 살고 싶지 않다. 결혼을 통해 이 지독한 외로움에서 벗어나고 싶다. 또한 이미 결혼한 친구들이 여러분에게 무슨 문제가 있는 건 아닌지 의아해한다.

○ 성적 관계

　결혼 전 성관계를 갖게 되면 당신과 상대의 관계를 객관적으로 살펴보지 못하게 된다. 또한 그로 인한 죄책감과 수치스러움이 결혼 후까지 이어질 수도 있다.

○ 영적인 미숙함

　여러분과 약혼자 중 한 사람 또는 두 사람 모두 하나님과의 교제에서 멀어지는 방황의 시간을 겪고 있을 수 있다. 삶의 죄를 고백하지 않아서 생기는 일시적인 현상일 수도 있고, 수년 동안 계속 반복되어온 행동일 수도 있다. 또는 하나님과의 관계 성장을 진정으로 원하지만, 그 방법을 모를 수도 있다. 그분의 목소리를 듣지 못하기 때문에 하나님께서 어떻게 여러분과의 관계를 이끌어 나가시는지 알지 못하는 것이다.

○ 결혼 준비

만약 여러분이 벌써 결혼을 결정했고 결혼 날짜가 다가오고 있다면, 결혼 준비가 마치 고속 열차를 타는 것과 같다고 느낄 것이다. 점점 더 빨리 갈수록 멈추기는 더 힘들어진다. 그래서 서로의 관계에 대한 의구심이 들어도 결혼을 취소하거나 미루는 것은 차마 상상하지도 못하는 일이 되어 버리는 것이다.

지금까지 현명하지 않은 방법으로 혹은 너무 이른 시기에 결혼을 선택하게 되는 이유에 대해 알아보았다. 그리고 이러한 이유로 인해 차마 관계를 끝내지 못하는 경우가 생기기도 한다. 다음 이어지는 마지막 두 가지 이유는 지금까지와는 반대로 여러분이 결혼에 대한 결정을 내리지 못하게 막는 이유이다.

○ 실패에 대한 두려움

여러분이 약혼자나 동료들, 또는 가족이나 스스로의 기대치에 미치지 못하게 될까 봐 두려움을 느끼는 경우이다. 그리고 스스로 결혼 생활을 잘 헤쳐 나가지 못할 것이라고 느낀다. 부모의 이혼을 경험했기에 그러한 일이 당신에게도 일어날까봐 두려워하는 경우일 수도 있다.

○ 평생을 함께 하는 두려움

결혼을 기대하면서도, 상대방과 평생을 함께 하겠다는 약속을 하는 것을 생각하면 굉장한 두려움을 느끼는 경우이다. 만약 더 좋은 사람이 나타난다 해도 이미 결혼을 한 뒤라면 여러분이 할 수 있는 것은 없다. 이러한 생각에 관계를 발전시키는 것을 두려워하는 것이다.

11. 앞에서 언급한 마치 안개와 같은 역할을 하는 일곱 개의 요소들을 살펴보자. 여러분의 관계에서 찾을 수 있는 요소는 무엇인가?

_____

_____

12. 만약 여러분이 결혼에 대해 심각한 고민을 하고 있다면 잠시 시간을 갖고 이에 대해 다시 한 번 생각해볼 것인가? 왜 그런가? 아니라면 그 이유는?

_____

_____

만약 고민이 있다면 상담 전문가, 사역자, 또는 멘토와 반드시 상담하여야 한다.

적신호에 주의하기

어떤 관계든지 어려움에 부딪히게 된다. 그리고 뿌리 깊게 자리 잡은 문제가 표면으로 드러난 경우 신속하게 해결하지 않으면 결혼 생활을 망쳐버릴 수도 있다. 다음과 같은 위험 신호가 서로의 관계에서 보인다면 최대한 빨리 사역자, 상담 전문가 또는 멘토에게 이 상황에 대해 알려야 한다.

다음 항목 중 일부는 밥 필립스가 쓴 저서 『결혼에 대한 확신을 갖기 위한 확인 목록(How Can I Be Sure: A Pre-Marriage Inventory)』에서 발췌했다.

- 여러분의 관계에서 무언가 잘못되었다는 느낌을 항상 받는다.

- 약혼자와 자주 다툰다.
- 약혼자가 당신과 다른 이성 친구 간의 관계에 대해 비이성적으로 화를 내고 질투하는 것 같이 느껴진다.
- 약혼자가 어떤 반응을 보일지 두려워 특정 주제에 대해서는 논하지 않는다.
- 약혼자가 감정을 표현하는 것을 굉장히 힘들어하거나 극단적으로 감정을 표출한다. 예를 들어, 화를 절제하지 못한다든지 과장된 두려움을 느끼는 것 등이 있다. 또는 방금 전까지 행복했다가 갑자기 극도로 슬퍼지는 등 감정의 기복이 심하다.
- 약혼자가 강압적인 모습을 보인다. 그리고 여러분의 외모, 생활 방식, 친구들이나 가족과의 교류 등 인생의 모든 면을 통제하려고 한다. 또한, 자신이 원하는 대로 당신이 행동하도록 조종하려 한다.
- 당신의 약혼자의 마음을 아프게 할까 봐, 또는 관계를 끝내면 약혼자가 무슨 일을 벌일지 몰라 두려워서 관계를 계속 유지하고 있다.
- 약혼자가 여러분을 존중해 주지 않는다. 당신을 끊임없이 비판하거나 심지어는 공공장소에서도 비꼬면서 당신에게 이야기한다.
- 약혼자가 한 직장에서 오래 근무하지 못하고 자신이 실직하는 이유에 대한 책임을 지려 하지 않는다. 또는 종종 당신 또는 친구들에게 돈을 빌린다.
- 약혼자가 종종 아픔이나 고통을 호소하는데 실제로 아픈 것인지 의심이 든다. 그러한 종류의 병이 실제 있다고 인정해 주

는 의사를 만날 때까지 계속해서 다른 의사를 만나러 다닌다.
- 약혼자가 논쟁을 해결하는 법을 모른다. 조리 있는 비판에 대처하지 못하며, 절대 실수를 인정하지 않거나 용서를 구하지 않는다.
- 약혼자가 재정 문제나 의사 결정 문제 또는 정서적 안정 문제에 대해 부모에게 지나치게 의존한다.
- 약혼자가 계속해서 정직하지 못한 모습을 보이며, 자신의 삶에 대해 당신에게 전부 공개하지 않는다.
- 약혼자가 옳고 그름을 판단하지 못하며, 이해할 수 없는 행동을 정당화한다.
- 약혼자가 계속적으로 책임을 회피한다.
- 약혼자가 당신 또는 다른 사람들에게 신체적, 정서적, 또는 성적 학대를 반복적으로 가한다.
- 약혼자에게서 약물 또는 알코올 남용의 흔적이 보인다. 그 흔적으로는 데이트 약속에 이유 없이 오지 않는 것, 차 사고를 자주 내는 것, 알코올 냄새 또는 강한 구강 청결제 냄새가 나는 것, 이상한 행동이나 감정 기복을 보이는 것, 눈이 충혈되거나 단정치 못한 모습 등의 신체적 징후, 이유 없는 불안함 등이 있다.
- 당신과 교제를 시작한 후 약혼자의 생활 방식이 크게 바뀌었다. 하지만 이것은 단순히 당신의 마음에 들기 위한 일시적인 변화이며, 결혼 후 다시 옛날 습관이 나올 가능성이 있다.
- 약혼자가 분노를 잘 조절하지 못한다. 논쟁에서 이기기 위한 수단으로 이러한 분노를 사용한다.
- 약혼자가 자신의 책임을 다하고, 항상 진실되며, 필요할 때 도

와주고, 윤리적인 결정을 내릴 것이라고 생각되지 않는다.
- 약혼자가 여러 번 다른 이들과 진지한 관계를 가진 경험이 있으나, 모두 실패하였다. 이는 관계를 시작하는 법은 알지만, 계속해서 그 관계를 발전시켜 나가는 법을 모르는 이들에게서 반복적으로 나타나는 현상이다.

위에 나열된 항목을 살펴보자. 여러분의 관계에 해당되는 적신호가 있는가? 만약 그렇다면 최대한 빨리 목사님, 상담 전문가, 또는 멘토와 함께 이 문제를 이야기해 보기 바란다.

특별히 주의할 점

만약 위에서 다룬 적신호가 여러분 관계에서 나타나고 있고, 상대방과 성관계를 가져 왔다면 이를 즉시 중단하기 바란다. 앞에서 다룬 것처럼 하나님께서 결혼 전 성적 관계를 금하신 이유는 여러분의 행복을 위한 것이다. 시기에 맞지 않는 이러한 관계는 여러분이 약혼자와 함께 올바른 방향으로 나아가는 것을 막으며, 관계를 끊는 것 또한 어렵게 한다.

2장
배우자 결정 가이드

#방향 찾기

여러분이 하나님 곁에서 동행한다면 그분의 음성을 놓칠 일은 없다.

마치 밤이 가면 아침이 오는 것처럼 피할 수 없는 것이 있다. 바로 관계가 점점 깊어지면서 마음속에 이러한 의문이 드는 것이다. '하나님께서 정말 우리의 만남을 마련해주신 것일까?' 이 질문이 중요한 이유는 2부 2장에서 다룬 것처럼 서로를 하나님께서 예비해 주셨다는 믿음이 있어야 서로를 그분이 주신 선물로 받아들일 수 있기 때문이다.

#생각해 보기

많은 기독교인들이 인생에 있어 중요한 결정을 내릴 때 자신의 결정이 하나님의 뜻인지 아닌지 어떻게 확신하는지에 대해 쉽게 설명하지 못한다. 만일 100명의 기독교인에게 "하나님의 뜻을 어떻게 확신하시죠?"라고 묻는다면 굉장히 다양한 대답을 듣게 될 것이다. 과연 이들이 같은 성경책을 읽는 것인지 의심이 들 정도로 말이다.

여러 명의 부부에게 다음과 같은 질문을 해보았다. "하나님께서 여러분과 배우자를 부부로 세우셨다는 것을 어떻게 확신하셨나요?" 다음은 이 질문에 대한 대답의 일부이다.

"그녀를 처음 본 순간 저는 그녀가 특별한 존재라는 걸 알았어요. 우리는 서로의 눈을 바라보며 정말 서로가 평생 함께할 사람인지 물어보곤 했죠. 그리고 우리가 함께 있을 때마다 말 그대로 찌릿찌릿한 느낌을 받았어요. 설명하긴 힘들지만 온몸에 전율이 느껴졌죠."

"전 우리가 잘 맞을 거란 걸 알고 있었어요. 성격이 저와 정말 잘 맞았거든요. 제가 약했던 부분에서 그녀가 강했어요. 그녀는 경건한 사람이었고, 저의 반쪽이라고 느껴졌어요. 구체적으로 말하긴 어렵지만, 우리는 서로 기도하는 시간을 가졌고, 그러다 어느 순간 타이밍이 맞았어요. 우리는 그저 하나님께서 예비해 주신 그 타이밍을 따라갈 뿐이었죠. 그리고 하나님께서 저희 관계를 반대하신다는 느낌도 없었어요. 저를 저지하지 않으셨기 때문이죠."

"우리는 친한 친구처럼 잘 맞았어요. 마치 평생을 알아오던 친구 같은 느낌이었죠. 그리고 저는 신앙이 있는 사람과 결혼하고 싶었는데, 그녀도 기독교인이었어요. 그래서 우리의 만남이 하나님의 뜻임을 알았죠. 굉장히 평온한 기분이었어요."

이처럼 사람들은 각자 다양한 방법으로 하나님의 뜻을 알게 된다. 하지만 우리는 특히 배우자를 정하는 문제에 있어 하나님의 뜻을 잘못 이해하는 경우가 많다. 예를 들어 많은 크리스천들이 자신의 마음이 평안할 때 하나님의 뜻을 따르고 있다고 믿는다. 하지만 하나님의 진정한 이끄심을 따르고 있더라도 큰 두려움과 불안에 사로잡힐 수 있다. 마치 여러분이 누군가에게 상처를 입힌 뒤 사과하고 용서를 구하기 위해 찾아갈 때 느끼는 감정처럼 말이다. 우리의 기분과 감정은 쉽게 변하기 때문에 이를 통해 하나님의 뜻을 알고자 하는 것은 마치 매일 날씨에 맞춰 직장에 나갈지 말지를 정하는 것과 같다.

또 하나의 잘못된 믿음은 '배우자를 선택할 때 내가 잘못된 결정을 하지 않도록 하나님께서 개입해 주실 거야.'라고 생각하는 것이다. 이러한 믿음에 따르면 만약 우리가 잘못된 방향으로 가고 있다면 하나님께서 우리가 눈으로 볼 수 있는 표시를 하늘에서 내려주시거나, 교통사고를 통해 우리에게 메시지를 주실 것이다. 하지만 실제로 우리가 잘못된 곳에 있을 때 하나님의 목소리를 듣기란 쉽지 않다. 특히 우리 마음속에 계신 성령님의 목소리에 귀 기울여본 적이 많지 않다면 더욱 그렇다.

하지만 이와 반대로 하나님께서 성경을 통해 상세히 말씀하시는 대로 행하기보다는, 우리 스스로 해결해 나가야 한다고 믿는 사람들도 있다. 이들은 누구와 결혼하든 둘이 잘 맞고 성경에 어긋나지만 않으면 상관없다고 생각한다. 하지만 이러한 믿음은 성령의 사역을 가볍게 여기는 것이다. 성령께서는 하나님의 말씀을 통해 우리에게 메시지를 주시기도 하지만, 성경에서 벗어나지 않는 다른 수단을 통해 일하시기도 한다. 그리고 성경은 하나님께서 개개인의 삶을 이끌어 주신다고 명백히 말하고 있다. 성령을 통해 우리에게 메시지를 주실 뿐만 아니라, 우리를 올바른 방향으로 이끄시기도 한다고 말이다.

결혼에 대한 결정을 내리는 과정은 여러분이 온전한 하나를 이루기 위한 가장 중요한 과정이다.

- 여러분의 관계를 하나님께서 어떻게 이끌어 주고 계시는지 알 수 있다.
- 이 사람과 결혼을 하겠다는 여러분의 결심에 더 큰 확신을 갖게 된다.
- 여러분이 내린 결정에 의심이 들거나 두려운 마음이 들 때 다시 되돌아볼 수 있는 기준으로 삼을 수 있다.
- 이 과정은 약혼 여부에 상관없이 여러분의 관계에 도움이 될 것이다. 이를 통해 하나님 말씀에 충실하고 하나님 안에서 함께 성장해 나가는 관계를 구축할 수 있기 때문이다.

성경적 원리

만약 여러분이 결혼을 생각하고 있다면 이번 장을 통해 하나님의 뜻을 분별하는 법을 배우길 바란다. 하지만 책을 읽어 내려가면서 당장 결정을 내려야 된다는 부담감을 가질 필요는 없다. 이 과정은 성경적 틀 안에서 여러분이 결혼에 대한 결정을 내릴 수 있도록 도와줄 것이다.

만약 여러분이 벌써 결혼을 하기로 결정을 내렸다면 결정을 내릴 때 간과했던 중요한 문제는 없었는지 살펴볼 기회를 얻을 수 있을 것이다. 과정에 따라 여러분의 결정에 확신이 들 수도 있고, 반대로 의구심이 들 수도 있다. 결혼에 대한 결정은 여러분이 앞으로 인생에서 내리게 될 결정 중 가장 엄격하고 철저하게 살펴보아야 하는 결정이다. 따라서 이미 결혼을 하기로 결정했더라도 이번 과정을 통해 여러분이 내린 결정을 되돌아보는 것도 좋은 경험이 될 것이다.

성경적 결정에 필요한 요소

다음 그림은 성경적으로 결정을 내리는 행위를 네 개의 살 (하나님 말씀, 기도, 신실한 조언자, 소망과 상황)로 이뤄진 하나의 수레바퀴로 묘사한 것이다. 수레바퀴의 각 부분은 성경적인 결정에 필요한 구성 요소를 나타낸다.

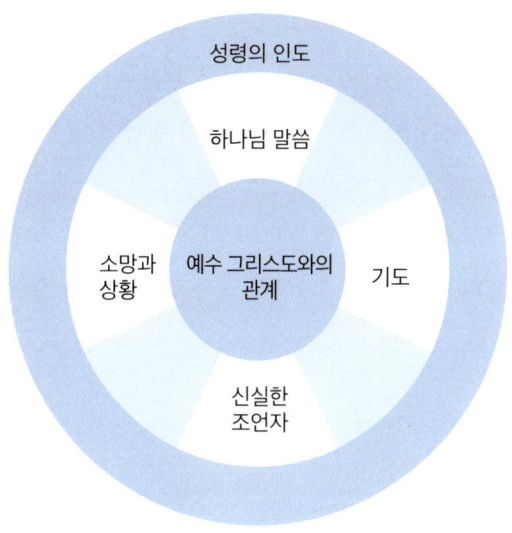

○ 중심축 : 여러분과 예수 그리스도와의 관계

주님을 알고, 사랑하고, 복종하고, 이야기하고, 구하는 모든 행위 즉, 그분과 관계 맺는 행위를 통해 하나님의 뜻을 깨닫게 된다.

요한복음에서 예수님께서는 당신을 양치는 목자로 묘사하고 계신다. "나는 선한 목자라 나는 내 양을 알고 양도 나를 아는 것이…내 양은 내 음성을 들으며 나는 그들을 알며 그들은 나를 따르느니라" (요한복음 10:14, 27)

주님과 친밀한 관계를 갖고 이를 발전시켜 나가면 그분의 음성을 들을 수 있게 되고, 그분이 어떻게 여러분의 삶에 임하고 계시는지 깨닫게 된다. 그리고 하나님을 점점 더 많이 알아갈수록 여러분 삶에서 그분을 더욱 의지하고 싶어질 것이다.

○ 첫 번째 살: 하나님 말씀

성경을 읽으면 하나님께서 여러분에게 직접적으로 무엇을 말씀하고 계시는지 알 수 있다. 어떤 경우에는 말씀을 통해 여러분이 상대방과의 교제에서 하나님을 기쁘게 해드리지 못했던 부분을 해결할 수도 있다. 이 밖에도 하나님께서는 말씀을 통해 여러분이 결정을 내릴 수 있도록 지혜를 주시며, 옳은 방향으로 이끌어 주신다.

시편 119편 105절은 "주의 말씀은 내 발에 등이요 내 길에 빛이니이다"라고 말하고 있다. 이처럼 하나님의 말씀은 결혼 관계에 있어서도 올바른 방향을 알려준다.

○ 두 번째 살: 기도

하나님의 말씀과 기도는 성령님이 여러분을 올바른 방향으로 이끄시는 가장 기본적인 방법이다. 기도와 말씀을 통해 간구하면 성령께서 여러분을 이끌어 주실 것이다.

○ 세 번째 살: 신실한 조언자

잠언 19장 20절은 "너는 권고를 들으며 훈계를 받으라 그리하면 네가 필경은 지혜롭게 되리라"라고 말하고 있다. 생각이 깊고 신실한 친구나 가족, 또는 예비결혼 상담 전문가에게 상담을 받게 되면, 그들의 경험과 생각을 통해 도움을 얻을 수 있다. 이들은 여러분이 가고자 하는 길을 이미 가보았기에 통찰력 있는 조언을 해줄 수 있다.

그리고 이들은 여러분 관계의 세세한 것까지 알지 못하기 때문에 더 큰 그림을 볼 수 있다. 어쩌면 여러분보다도 더 빨리 여러분 관계의 약점과 강점을 간파해낼 수도 있을 것이다. 또한, 여러분이 스스로의 감정을 자세히 들여다봄으로써 확실한 결정을 내릴 수 있도록 도와줄 것이다. 여러분이 듣고 싶은 이야기를 해주는 사람이 아닌, 여러분이 들어야 하는 이야기를 해주는 조언자를 만나는 것이 중요하다.

○ 마지막 살: 소망과 상황

종종 우리는 하나님의 뜻을 찾을 때 우리 자신의 개인적 기호나 소망은 배제하곤 한다. 빌립보서 2장 13절은 "너희 안에서 행하시는 이는 하나님이시니 자기의 기쁘신 뜻을 위하여 너희에게 소원을 두고 행하게 하시나니"라고 말하고 있다. 이처럼 하나님께서는 우리에게 도움이 되는 소망을 주신다. 여러분과 하나님의 관계가 성장하고 있고, 그분의 뜻을 알기를 갈망하고 있다면 여러분의 소망을 찾는 것 또한 그 과정의 중요한 부분이 될 수 있다. 예를 들어보자. 여러분은 지금이 결혼하기 좋을 때라고 생각하는가? 그리고 바로 그 사람과 결혼을 하고 싶은가? 여러분이 그 사람에 대해 특별히 맘에 들지 않는 부분은 없는가?

또한, 지금까지 일어났던 사건들과 상황을 살펴보면서 여러분의 관계를 되돌아보자. 그리고 이 관계가 올바른 방향으로 가고 있는지 스스로에게 물어보아라.

○ 수레바퀴의 테: 성령의 인도

하나님과 함께 시간을 보내고 기도하며 신실한 조언자를 찾고 상대방과 잘 맞는지 알아보라. 그리고 여러분의 소망과 상황을 살펴보고 전심을 다해 여러분을 하나님께 내어드리면 성령의 이끄심을 경험할 수 있다. 성경에 따르면 성령은 여러분을 이끄시며 (요한복음 16:13), 가르치시고 (요한복음 14:26), 조력자의 역할을 해주신다. (요한복음 14:16, 26) 파라클레토스는 (신약에 종종 사용되는 헬라어로, '성령'을 묘사한다)는 '도움을 주기 위해 한 사람 옆에서 감찰하시는 이'를 의미한다.

하나님께서는 구약시대 때처럼 우리에게 육성을 통해 말씀하시거나, 예수님을 통해 메시지를 전해주지 않으실 수도 있다. 하지만 지금도 하나님께서는 우리에게 말씀하고 계신다.

많은 기독교인들이 하나님의 뜻을 찾을 때 하나님께서 보내신 신비로운 신호를 찾곤 한다. 하나님께서 모세에게 불타는 떨기나무를 통해 메시지를 전달하신 것처럼, 옥외 광고판에 '그녀와 결혼해! 이것이 너를 향한 나의 뜻이다!'라고 적어주시길 바라는 것이다. 하지만 하나님께서는 우리 속에 계신 성령님을 통해 우리가 가야 할 방향을 알려 주시고, 이끌어 주신다. 따라서 우리가 해야 할 일은 하나님 곁에 머무르면서 성령으로 살고 (갈라디아서 5:25), 하나님의 이끄심을 따라 복종하는 것이다.

성령님께서는 세 가지 방법으로 우리에게 하나님의 뜻을 알려 주신다.

1. 하나님의 말씀, 즉 성경을 통해 말씀하신다. 여러분이 어떤 성경 구절을 스무 번 넘게 읽고 있다고 하더라도, 어느 순간 그 구절이 매우 명료하게 다가오는 때가 있을 것이다. 그리고 그 말씀을 여러분이 직면하고 있는 문제에 적용할 수 있다는 것을 깨달을 것이다. 이처럼 우리가 하나님의 말씀을 깊이 묵상할 때 성령님께서 우리를 지도해 주신다.

2. 성령님께서는 하나님께서 어떻게 일하시는지 알려주신다. 헨리 블랙커비와 클로드 킹이 저술한『하나님을 경험하는 삶(Experiencing God)』에서는 성경을 통해 하나님께서 일하시는 방식을 보여주고 있다. 하나님께서는 주로 당신이 어떠한 일에 임하고 계시는지 개인에게 보여주신 후, 그 일에 그 사람을 함께 부르시는 방식으로 일하신다. 때로 이러한 경험을 통해 우리는 눈에서 비늘 같은 것이 벗겨지는 기분, 즉 보이지 않았던 진실을 보게 되는 기분을 느낄 수 있다. 여러분이 처한 상황과 여러분의 관계를 갑자기 다른 관점으로 바라볼 수 있게 되는 것이다. 지난 몇 개월을 회상해 보면서 이 관계가 하나님의 손으로 이뤄진 관계라는 것을 깨닫거나, 또는 이 관계가 하나님의 뜻이 아니라는 것을 여러분이 마음속에서 깨달을 수 있도록 하나님께서 계속 임하셨다는 사실을 알게 될 수도 있다. 어떤 상황이든지 여러분은 하나님께서 여러분의 삶에 계속해서 임해 오셨음에 확신을 갖게 된다.

3. 하나님께서는 여러분의 마음속에 확신을 주심으로써 말씀하

신다. 여러분이 처한 상황 속에서 갑자기 무엇을 해야 하는지 너무나도 명확하게 알게 되는 경우가 있다. 예를 들어, 이웃과 이야기를 나누고 있는 도중 갑자기 예수님이 여러분에게 어떤 의미인지 그 이웃에게 말해 주어야 한다는 무조건적인 확신이 들 때처럼 말이다.

성령을 통해 확신을 얻게 되는 능력은 시간이 지날수록 성장하며 성숙해진다. 많은 시간을 기도하고 성경을 읽으면서 하나님과 함께 보내면 하나님께서 여러분 인생에서 무엇을 원하시는지 알게 된다. 예를 들면,

- 어떤 중년의 고위간부가 직장에 환멸을 느끼고 직장에서 성취감을 느끼지 못하고 있었다. 그리고 다른 사람들에게 적극적으로 그리스도를 알리고 싶은 마음이 점점 커져갔다. 몇 개월 뒤, 그는 하나님께서 목회에 전념하라는 마음을 주신 것을 깨달았다.

- 세 명의 자녀를 둔 부모가 맞벌이를 통해 크고 아름다운 집에서 살게 되었다. 하지만 시간이 갈수록 이들 부모는 많은 시간을 직장에서 보내야 한다는 사실이 고민스러웠다. 마침내 이들은 하나님께서 자녀를 삶의 우선순위로 삼으라는 마음을 주신 것을 깨달았고, 이에 따라 세 가지 결정을 내렸다. 우선 남편은 매주 일하는 시간을 줄였다. 아내는 시간제 근무를 하기로 결정했다. 그리고 조금 작은 집으로 이사를 감으로써 매달 나가는 집세를 줄일 수 있었다.

이런 방법으로 하나님께서는 여러분이 결혼을 하길 원하는지 아닌지에 대한 확신을 주신다. 하지만 성령님의 내적 이끄심은 반드시 하나님의 성품과 복음에 일치해야 한다. 즉, 하나님의 이끄심은 다음 세 가지를 만족해야 한다.

- 예수 그리스도에게 영광을 올려드리는 일이다.
- 신성함을 높일 수 있다.
- 하나님의 말씀과 부합하는 일이다.

여러분의 수레바퀴는 어떠한 모양인가?

지금까지 결혼에 대한 결정을 내리는 과정을 살펴보았다. 여러분의 수레바퀴는 어떠한 모양인가? 여러분의 '중심축'은 제대로 위치하고 있는가? 모든 살이 중심축과 바퀴 가장자리에 잘 연결되어 있는가? 빠져있는 살이나 적정 길이보다 짧은 살은 없는가?

다음 질문 옆에 '예', '아니오' 또는 확실치 않은 경우 '?'로 답해보자.

_____ 예수 그리스도께서 여러분의 중심에 계시는가?
_____ 영적으로 성숙해지고 있는가?
_____ 기도와 말씀을 게을리하지 않는가?
_____ 신실한 조언자에게 여러분의 관계에 대한 모든 것을 솔직하게 나누었는가?
_____ 여러분이 무엇을 원하는지 알아보았는가?
_____ 여러분의 현재 상황을 평가해 보았는가?

마지막으로, 위의 항목들을 살펴보면서 성령님께서 여러분을 어떠한 방향으로 이끄신다는 것이 느껴지는가?

만약 여러분과 약혼자가 위의 질문에 모두 '예'라고 대답할 수 있다면, 여러분은 올바른 방향으로 가고 있다고 확신해도 좋다. 하지만 모든 질문에 '예'라고 대답할 수 없다면, 각각의 문제를 해결하기 위한 시간을 가져야 할 것이다.

#진실한 대화

성경적 결정을 내리는 방법에 대한 선제석인 틀을 알았다면 이제 결정을 내리는 과정을 알아볼 차례이다.

- 이 사람을 하나님께서 내게 주신 사람으로 받아들일 것인가?
- 이 사람의 행복을 위해 내 평생을 바치겠다는 굳은 약속을 할 것인가?

이 활동을 위해 여러분은 잠시 몇 시간 동안 서로에게서 떨어져 어떠한 방해 없이 혼자 있을 수 있는 장소에서 진행해야 한다. 여러분과 약혼자가 다음 이어지는 활동을 각자 완료한 후에 함께 그 대답을 나눠보자.

1단계: 하나님과 단둘이 시간 보내기

우선 전능하신 하나님께 찬양을 올려드리는 것으로 시작하자. 기독교 음악이나 찬송을 부르거나 시편을 읽는 것도 좋다. 삶의 모든 것을 내려놓기 위해 노력하자. 마음을 가라앉히고 온전히 하나님께만 초점을 맞추기 위해서는 한두 시간이 걸릴 수도 있다.

그리고 고백하지 않은 죄가 있다면 하나님께 고백함으로써 여러분이 하나님의 교제 안에 있음을 확인하자. 시편 66편 18절 말씀은 "내가 나의 마음에 죄악을 품었더라면 주께서 듣지 아니하시리라"라고 말하고 있다.

2단계: 하나님의 뜻을 따르겠다고 선언하기

많은 기독교인들이 이러한 중요한 과정을 거치지 않기 때문에 하나님의 뜻이 무엇인지 자신들의 삶에서 깨닫지 못한다. 위대한 성자 조지 뮬러가 남긴 다음 말을 통해 하나님의 뜻을 깨닫는 과정에 대해 알아보자.

> 우선 주어진 문제에 대해 내 스스로의 생각이나 의견은 추호도 남아 있지 않도록 나의 마음 상태를 만드는 것부터 시작한다. 사람들이 겪는 문제의 대부분은 우리 마음이 하나님의 뜻이 무엇이든 받아들일 준비가 되었을 때 해결된다. 이러한 마음 상태를 가질 수 있다면 하나님의 뜻이 무엇인지 대체로 알 수 있다.

3단계: 관계에 대한 솔직한 평가 내리기

오늘날 사람들이 이혼을 선택하는 가장 큰 이유는 극복할 수 없다고 생각하는 차이점 때문일 것이다. 서로에게 콩깍지가 씌워진 채로 결혼을 하고 몇 년 동안 서로에게 맞추기 위한 노력을 기울이지만, 결국 서로 맞지 않는다는 것을 깨닫곤 한다.

안타까운 점은 이러한 부부들이 만약 결혼 전에 자신들의 관계를 진솔한 눈으로 살펴보았더라면 결국 결혼을 선택하지 않았을 것이라는 점이다. 하지만 이들은 결혼 전 서로를 향한 강렬한 감정에 휩싸여 상대방의 특징이나 성격, 그리고 배경에 대해 심도 있게 살펴보지 못하고 결혼을 선택해 버린다.

이전 장의 '관계 평가하기' 부분에서 여러분이 답했던 것들을 살펴보고 다음 질문에 답해보자.

1. 여러분과 약혼자는 얼마나 잘 맞는다고 생각하는가?
_____
_____

2. 신앙적인 부분에서는 얼마나 잘 맞는가?
_____
_____

3. 여러분 약혼자와의 관계에 대한 확실한 결정을 내릴 수 있다고 확신하는가?
_____
_____

4. 과연 약혼자와 평생을 함께 할 수 있을지에 대한 의구심이 들게 하는 문제가 있는가? (앞서 알아본 관계의 위험신호 참고)
_____
_____

5. 여러분의 관계에 대해 친구나 가족, 또는 조언자는 어떠한 생각을 가지고 있는가?

_____
_____
_____

6. 여러분이 가진 소망이나 상황들을 살펴볼 때 이 관계가 올바른 방향으로 가고 있다고 느껴지는가?

_____
_____
_____

4단계: 하나님께서 예비해 주신 사람인지 확인하기

7. 여러분의 약혼자가 여러분에게 맞는 사람이라고 생각하는 이유 다섯 개를 적어보자. 이 책에서 여러분이 답했던 것들과 조언자에게 받았던 피드백을 다시 살펴보고, 성령님을 통해 여러분이 느꼈던 점들을 생각해 보면서 대답해 보자.

A. _____
B. _____
C. _____
D. _____
E. _____

8. 왜 지금이 결혼하기에 적절한 시기라고 생각하는지에 대한 이유를 적어보자.

A. _____
B. _____
C. _____
D. _____
E. _____

9. 여러분이 이 사람을 하나님께서 여러분에게 주신 사람으로 받아들일 준비가 되었다고 믿는 이유를 한 문장으로 적어보자.

_____
_____
_____

10. 만약 두려움과 의심이 생긴다면 이에 대해 적어보자.
다음 두 개의 질문을 스스로에게 물어보고 진솔하게 답해보길 바란다.

- 내 마음속에 드는 의심이 타당한 것인가?
- 하나님을 향한 믿음이 부족하다고 생각하지는 않는가?

약혼자와 이러한 문제에 대해 시간을 갖고 이야기해 보자. 그리고 다음 세 가지 질문에 답해보자.

- 약혼자가 나의 고민을 받아들여 주는가?
- 약혼자가 관계적 문제를 해결할 준비가 되어있는가?
- 약혼자가 용서를 구하거나, 용서를 해줄 준비가 되어있는가?

5단계: 결정을 내리고 믿음으로 행하기

하나님께서 여러분의 관계를 어떻게 이끄시는지에 대한 확신을 가졌다면 이제 믿음으로 이에 복종하는 것은 여러분의 몫이다.

결혼을 하기로 결정했다면 확신을 가지고 일을 진행하라. 만약 의심이 생긴다면 솔직하게 이에 대해 털어놓고 이야기하라. 그리고 몇 주 전 또는 몇 달 전부터 여러분의 결정에 확신을 달라고 하나님께 계속해서 간구하라.

결혼을 하지 않기로 결정했다면 이 또한 확신을 가지고 진행하라. 이러한 선택은 굉장한 심적 고통을 수반하겠지만, 여러분이 성경적인 틀 속에서 내린 결정이라는 것을 명심하고 믿음으로 행해야 한다.

- 하나님을 경외하는 방법으로 이 관계를 끝낼 수 있도록 도와달라고 하나님께 기도드리자. 그리고 상대에 대한 존중과 예의를 잃지 말자.
- 깔끔하게 헤어져라. 반년 동안은 그 어떠한 연락도 하지 않는 것이 좋다. 이를 가능하게 하기 위해 경건한 조언자에게 여러분을 붙잡아달라고 부탁하라.

하나님의 뜻은 여러분이 찾아야 할 분실물과 같은 것이 아니다. 하나님께서 당신에게 숨기고 계신 것도 아니고, 무엇을 해야 할지 몰라 당신이 계속해서 추측해야 하는 것도 아니다.

반대로 하나님의 뜻은 성경에 명료하게 나타나 있다. 하나님께서는 여러분을 성경 안에서 이끌어 주시기 위해, 그리고 여러분이 이에 대한 이해와 통찰을 얻을 수 있도록 성령님을 주셨다. 하나님의 뜻을 분별하는 데 있어 가장 중요한 것은 하나님과 가까이 동행하는 것이며, 매 순간 하나님과의 관계를 풍성하게 만드는 것이다.

4부
하나되기

결혼은 예식이 아니라
생활이다

깨지기 쉬운 결혼이 증가하는 시대에,
부부의 의사소통 능력은
안정되고 만족스러운 결혼을 위해 가장 중요한 것이다.
- 갤럽 여론 조사 -

1장 진실한 의사소통

#방향 찾기

상대방의 이야기를 듣고 이해하며, 상대에게 이해받을 수 있도록 이야기할 수 있는 정도는 결혼 생활에서 경험하게 될 친밀감과 일체감의 정도를 보여주는 척도가 될 수 있다. 배우자를 이해하기 위해 얼마나 경청하고, 당신이 이해받기 위해 얼마나 표현하는가가 부부의 친밀감과 하나 됨의 수준을 결정할 것이다.

흔히 관계에 있어 소통이란 '사람 몸의 피와 같다.'라고 이야기한다. 의사소통은 관계를 풍성하게 하고 유지시키는 기능을 한다. 만약 소통이 없다면 관계도 없다.

이 때문에 미국 FamilyLife가 주최하는 부부세미나인 '기억에 남을 주말'에 참석하는 커플들에게 설문조사를 진행하기도 하는데, 할 때마다 많은 사람들이 소통과 갈등에 대해 어려움을 겪는다고 토로한다. 그리고 다음과 같이 도움을 구한다.

- 스스로 이기적으로 느껴지지 않게 자신의 감정을 표현하는 방법은 무엇인가요?
- 어떻게 하면 이기적으로 들리지 않게 제 느낌을 표현할 수 있을까요?
- 저는 항상 남편의 감정을 상하게 하는 말을 하는 것 같아요. 어떻게 하면 멈출 수 있을까요?
- 우리의 결혼 관계를 어떻게 더 친밀하게 만들 수 있을까요?
- 서로에게 방어적인 태도를 취하지 않고 의사소통을 하는 방법은 무엇인가요?
- 우리는 왜 자주 다툴까요?
- 배우자에게 저의 감정을 표현하기가 계속 어려운데 어떻게 극복할 수 있을까요?

커플은 서로 의사소통을 할 때 굉장한 만족감을 느낀다. 결혼 전 상담을 받는 많은 커플들은 서로 함께 해서 즐거운 이유로 상대와 어떤 것이라도 이야기할 수 있다는 점을 꼽는다.

하지만 대화의 양은 많을지 몰라도 진실한 대화와 진정한 소통은 생각보다 많지 않다. 진정한 소통은 그저 이야기하는 것이 아니다. 이해하고 이해 받는 것, 공격적 발언에 적절히 대응하는 것, 갈등을 해결하는 것, 무엇을 언제 어떻게 말할 것인지 아는 것, 상대를 알아가고 상대가 당신에 대해 알아가는 위험하고도 보람된 과정을 겪는 것이다.

앞서 2부에서 배웠듯이 결혼은 하나님과의 관계 위에 세워져야 한다. 이러한 영적 발판으로 기초를 세웠다면 이제 여러분 관계에 있어 소통의 중요성을 알아야 한다.

#생각해 보기

다음 이야기를 읽어보고 이어지는 질문에 대답하라.

사례: 에릭과 아만다의 소통 문제

"아만다가 나를 너무 화나게 해서 비명이라도 지르고 싶어."
에릭은 오랜 직장 동료인 스콧과 함께 낚시를 즐기고 있었다. 이들은 굉장히 가까워져서 에릭은 낚시만큼이나 스콧과의 대화를 좋아했다.

그날 아침, 에릭은 전날 밤 아만다와 다퉜던 일로 기분이 무척 상해 있었다. 두 사람은 별로 중요하지 않은 일로 다퉜다. 에릭과 아만다가 저녁을 먹고 있었을 때 에릭이 자신의 가족과 함께 크리스마스를 보낼 계획에 대한 이야기를 꺼내면서 싸움은 시작되었다. 아만다는 갑자기 조용해졌고, 에릭은 경험적으로 아내가 지금 감정이 상했다는 것을 알아챘다. 에릭은 "왜 그래요? 뭐가 잘못됐어요?"라고 물었다.

아만다는 대답했다. "아무것도 아니에요."

"그럼 왜 그런 표정을 짓고 있어요? 나한테 뭔가 화난 게 있을 때 짓는 표정이잖아요."

이에 아만다는 "지금 이야기하고 싶지 않아요."라고 대답했다.

"당신은 항상 이야기하고 싶지 않다고 하죠. 그렇게 하면 문제가 해결될 것 같아요? 여보, 우리 문제가 있으면 말로 풀어요."

그러자 아만다는 방에 들어가 문을 잠궈 버렸다. 에릭은 이어서 스콧에게 말했다.

"그래서 난 주먹으로 문을 내리치면서 얘기했어. '당신이 나오지 않으면 우리는 이 문제를 절대 풀지 못할 거예요! 거기에 영원히 숨어 있을 순 없잖아요.' 하지만 내 말에도 아내는 아랑곳하지 않고 텔레비전을 틀더니 밤새 그 방에서 나오지 않았지. 결국 난 소파에서 잤어."

스콧은 입이 커다란 배스를 유인하려고 일부만 수면 위에 떠있는 통나무를 향해 반쯤 잠겨있는 낚시찌 쪽으로 미끼를 던졌다. 그리고는 에릭을 향해 몸을 돌려 말했다. "너희 부부는 갈등이 생길 때마다 항상 똑같은 패턴을 겪는 것 같은데? 넌 항상 그 자리에서 바로 문제를 해결하려고 하고, 아만다는 항상 회피하고 숨으려고 해."

"맞아, 절대 말을 안 하려고 해."

"그럼 이 질문에 한 번 대답해봐. 싸우지 않을 때는 서로 대화를 얼마나 해? 서로와 많이 이야기하는 편이야?"

"무엇에 대해서?"

스캇은 미소를 지으며 대답했다. "지금 내가 너희의 문제점을 찾은 것 같은데?"

1. 왜 많은 커플들이 연애할 때나 약혼했을 때는 거의 갈등을 겪지 않을까?

2. 당신이 만약 스콧이라면 에릭이 아만다와 의사소통을 잘 할 수 있도록 어떤 도움을 줄 것인가?

_____
_____
_____

#성경적 원리

결혼을 생각하는 커플이라면 당연히 다투기도 하고 의견이 충돌할 수도 있다. 하지만 이들은 결혼 준비로 바쁠 뿐만 아니라 서로를 향한 사랑의 감정으로 충만하기에 그다지 큰 갈등을 겪지 않는다. 그래서 결혼 생활에 폭풍우가 몰아치면 굉장히 당황스러워하는 것이다.

갈등은 피할 수 없지만, 연애 기간과 결혼을 준비하는 시기는 효과적으로 의사소통하는 법을 배울 수 있는 기회가 될 수 있다. 결혼 후 실망감을 느끼지 않기 위해 다음과 같은 기본적인 의사소통 기술을 숙지하는 것을 권장한다.

이해하기 위한 경청

성경에는 소통하는 것에 대한 이야기가 많이 나온다. 하나님께서 우리가 소통하는 문제에 있어 어려움을 겪을 것을 미리 아셨기 때문이다. 소통하는 법을 배우면서 우리는 하나님께 더 의존할 수 있게 되고, 다른 사람들과의 관계 속에서 성장하게 된다.

1. 다음 성경 구절에서 찾을 수 있는 경청의 원리를 자신만의 말로 적어보자.

   "… 사람마다 듣기는 속히 하고 말하기는 더디 하며 성내기도 더디 하라" (야고보서 1:19)

   경청의 원리:
   _____
   _____
   _____

   "지혜 있는 자는 듣고 학식이 더할 것이요 명철한 자는 지략을 얻을 것이라" (잠언 1:5)

   경청의 원리:
   _____
   _____
   _____

2. 현재 여러분의 관계에 이러한 경청의 원리를 실제로 적용할 수 있는 방법에는 어떠한 것이 있을까?

   _____
   _____
   _____

경청하는 것은 쉽지 않은 일이다. 이는 그저 귀로 듣는 것이 아니다. 우리의 눈과 마음으로 듣는 것이다. 그래서 진정한 소통을 위해서는 사려 깊게 경청하는 습관을 길러야 한다.

진정으로 경청하는 습관

초점을 맞추어야 할 것	지양해야 할 것
상대가 말하고 있는 것	상대가 말하는 것에 내가 느끼는 것
상대가 말하는 방법 (말투나 어조, 자세 등)	상대의 말만
타당한 요점에 대해 명확히 하기	잘못된 틀린 비난에 대한 해명
질문	비난
이해	비판

경청을 위한 질문

의미를 분명하게 파악하는 질문:

"그러니까 지금 나에게 ＿＿＿＿＿＿＿＿＿＿＿＿＿＿
＿＿＿＿＿＿＿＿＿＿＿＿＿＿ 라고 말하고 있는 거예요?"

"당신이 ＿＿＿＿＿＿＿＿＿＿＿＿＿＿＿＿＿＿＿
＿＿＿＿＿＿＿＿＿＿＿＿ 라고 말한 건 무슨 의미예요?"

요약하는 질문:

"방금 당신이 말한 것 중에 가장 내가 이해해 주기 바라는 것은 어떤 거예요?"

"지금 당신이 나에게 가장 바라는 것은 어떤 거예요?"

"내가 당신에게 어떻게(무엇을) 해주기 원해요?"

3. 진정으로 경청하는 습관을 들이고 위의 질문을 활용함으로써 어떻게 갈등을 해결할 수 있다고 생각하는가?

_____

_____

_____

○ 이해 받기 위한 표현

4. 다음 구절에서 찾을 수 있는 원리를 자신의 말로 표현해 보자. 원리를 적을 때에는 완전한 문장으로 적는 것이 좋다.

"무릇 더러운 말은 너희 입 밖에도 내지 말고 오직 덕을 세우는 데 소용되는 대로 선한 말을 하여 듣는 자들에게 은혜를 끼치게 하라" (에베소서 4:29)

말하기 원리:

_____

_____

_____

"말이 많으면 허물을 면하기 어려우나 그 입술을 제어하는 자는 지혜가 있느니라" (잠언 10:19)

말하기 원리:

_____
_____
_____

"범사에 기한이 있고 천하 만사가 다 때가 있나니… 잠잠할 때가 있고 말할 때가 있으며" (전도서 3:1,7)

말하기 원리:

_____
_____
_____

5. 현재 여러분의 관계에 이러한 원칙을 실제로 적용할 수 있는 방법에는 어떠한 것이 있을까?

_____
_____
_____

경청할 때 자신이 무엇을 듣고 있는지 명확히 알아야 하는 것처럼 무엇을, 어떻게, 그리고 언제 여러분 스스로를 표현할 것인지 신중하게 생각해야 한다. 자신을 표현하기 위해 다음의 사항을 고려해 보라.

무엇을 말할 것인지 결정하라.

- 내가 추측하고 있는 것은 무엇인가?
- 내가 믿고 있는 것은 무엇인가?
- 내가 갈망하는 것은 무엇인가?
- 나는 어떤 꿈을 가지고 있는가?
- 나는 어떤 것을 필요로 하는가?

어떤 방식으로 표현하길 원하는지 정하라.
- 즐겁게?
- 슬프게?
- 확신을 가지고?
- 실망스럽게?
- 격려하는 말투로?

가장 효과적인 의사소통이 가능한 때가 언제인지 정하라.
- 식사 도중 또는 식사 후에?
- 휴식 시간에?
- 취침 시간에?
- 자녀들과 함께 있을 때?
- 운전 중에?

6. 이러한 말하기 기술이 갈등을 해소하는 데 어떠한 도움이 될 것이라고 생각하는가?

_____

_____

성경은 말하는 입과 듣는 귀의 중요성에 대해 많이 언급하고 있다. 친밀한 결혼 생활을 위해서는 적게 말하고 더 많이 듣는 현명함을 갖춰야 한다. 더 적게 말하는 사람은 자기중심적인 마음을 내려놓을 줄 알며 결혼 안에서 하나가 될 수 있는 사람이다.

○ 갈등 해결하기

이 장에서 지금까지 다룬 모든 의사소통 기술은 여러분이 관계 속에서 겪게 되는 갈등을 해소하는 데 큰 도움이 될 것이다. 그리고 여러분이 실제로 적용할 수 있는 중요한 원리가 두 가지 더 있다.

7. 다음 구절은 갈등을 해결하는 것에 대해 어떻게 이야기하고 있는가?

"분을 내어도 죄를 짓지 말며 해가 지도록 분을 품지 말고"
(에베소서 4:26)

갈등을 해결하는 것의 의미는 무엇인가?
_____
_____

8. 관계 속에서 이러한 원리가 적용되지 않으면 어떤 일이 생기는가?
_____
_____
_____

결혼 생활에 있어 두 사람이 갈등에 대해 다른 방향으로 반응하는 것은 종종 일어나는 일이다. 다음은 갈등에 가장 흔하게 반응하는 네 가지 모습이다.

결혼 생활에서 커플은 각각 다른 모습으로 갈등을 해결한다. 여기에 가장 일반적인 네 가지 유형이 있다.

- 이기기 위해 싸우기: 이 모습은 '난 이겼고 당신은 졌어.' 혹은 '난 옳고 당신은 틀렸어.'의 자세를 보여준다. 상대를 이기는 것을 추구하며 싸움에서 승리하는 것이 개인적 관계보다 더 우선시된다.

- 피하기: 편하지 않은 것은 최대한 피하려고 하며 "불편하니까 난 나갈래."라고 말하는 것이다. 갈등을 해결할 수 있는 기미가 보이지 않기 때문일 수도 있고, 혹은 그 문제가 받아들이기에 벅차기 때문일 수도 있다. 그래서 입을 다물어버리는 것으로 배우자에게 대응하는 것이다.

- 물러서기: 상대방과 맞서는 것보다 차라리 그 요구에 따라주는 것이 훨씬 낫다고 생각하는 것이다. 새로운 말다툼이 시작되기 전에 그저 "당신이 원하는 대로 해."라고 말해버린다. 이는 상대와의 친밀한 관계 성립보다 스스로가 안정된 감정을 느끼는 것이 더 중요한 경우이다.

- 사랑으로 해결하기: 조심스럽게 갈등을 차근차근 차분히 해결

해나가고 분별력 있게 그 문제에 대해 논의하는 방법이다. 갈등 해결을 위해서는 남다른 자세가 필요한데, 바로 관계를 갈등보다 우선순위로 두는 마음가짐이다. 논쟁에서 이기든 지든, 또는 피하든 물러서든 관계를 우선시하는 것이 중요하다.

처음의 세 가지 방법으로는 갈등을 해결하더라도 또 다른 갈등이 생기기 마련이다. 이기기 위해 싸우는 것, 피하는 것, 또는 물러서는 방법은 당장 눈앞의 문제를 해소할 수는 있지만, 갈등을 통해 생겨난 상처나 분노와 같은 감정을 해결해 주진 못한다. 오직 사랑으로 서로를 대면할 때 갈등을 해결할 수 있다.

9. 다음 구절은 갈등을 해결하는 것에 대해 어떻게 이야기하고 있는가?

"서로 친절하게 하며 불쌍히 여기며 서로 용서하기를 하나님이 그리스도 안에서 너희를 용서하심과 같이 하라" (에베소서 4:32)

_____
_____
_____

10. 관계 속에서 이러한 원리가 지켜지지 않으면 어떤 일이 생기는가?

_____
_____
_____

갈등을 해결하기 위해서는 여러분에게 잘못한 사람에게 죄를 묻지 않는 용서가 필요하다. 즉, 당신에게 잘못한 사람을 벌 줄 권리를 포기하는 것이다. 그리고 바로 이것이 기독교인의 삶에서 볼 수 있는 기적이다. 예수님께서 용서를 통해 우리와의 관계를 다시 회복하신 것처럼 우리도 같은 방법으로 이웃들과의 관계를 회복할 수 있기 때문이다.

03
The 아름다운 결혼을 위한 지침

- 진실한 대화는 단순히 이야기하는 것이 아니다. 이해하고 이해 받는 것, 말투나 어조를 파악하는 것, 비언어적인 신호를 찾아내는 것, 공격적 발언에 적절히 대응하는 것, 갈등을 해결하는 것, 무엇을 언제 어떻게 말할 것인지 아는 것, 상대를 알아가고 상대가 당신에 대해 알아가는 위험하고도 보람된 과정을 겪는 것 등이다.

- 진정한 의사소통은 듣는 사람이 의미를 분명하게 파악하기 위한 질문과 내용을 요약하는 질문을 함으로써 이뤄진다.

- 갈등을 해소하는 것은 사랑으로 서로를 대면할 때 가능하다.

- 갈등을 해결하려면 용서해야 한다.

#진실한 대화

1. 시간을 갖고 '생각해 보기'와 '성경적 원리' 부분을 살펴본 후, 다양한 질문에 대한 대답을 나누어 보자. 약혼자가 그러한 대답을 하게 된 이유를 물어보라.

2. 통화를 할 때 잡음이 들리면 거의 대화를 할 수가 없다. 여러분이 말하는 것과 듣는 것 모두 의미가 불분명해지고, 대부분 알아듣지 못하게 된다. 약혼자와의 일상적인 대화에서 여러분은 다른 종류의 잡음을 경험하게 될 것이다. 이 잡음은 전기와는 아무 관련이 없지만, 여러분의 관계 속에서 일종의 합선을 일으킨다. 이를 미리 예측하고 조절하지 않는다면 의사소통에 있어 어려움을 겪게 될 것이다.

   사람은 기본적으로 자신만의 표현 방식을 지니고 있다. 어느 하나가 옳고 그르다고 할 수 없으며 각자 다를 뿐이다. 따라서 효과적인 의사소통을 위해 여러분과 약혼자의 표현 방식의 차이를 미리 알아두어야 한다.

   a. 표현 방식에 대해 점검해 보자. 개별적으로 자신이 해당한다고 생각되는 부분에 X표를, 그리고 약혼자가 해당한다고 생

각하는 부분에는 O표를 해보자.

사실 지향적 ←————————————→ 감정 지향적

1　2　3　4　5　6　7　8　9　10

이성적이고 논리적　　　　　　　　　　감성적이고 임의적

1　2　3　4　5　6　7　8　9　10

핵심 요점에 대해 생각함　　　　　　　내 감정에 대해 생각함

1　2　3　4　5　6　7　8　9　10

감정 표현이 어려움　　　　　　열정적이고 감정 표현이 풍부함

b. 약혼자와 답한 것을 나누어보자. 서로의 대답이 일치하는가? 결과에 동의하는가, 하지 않는가?

_____

c. 약혼자와 어떤 주제를 놓고 논의하다가 서로 표현 방식의 차이나 공통점이 두드러졌던 적이 있다면 적어보자.

_____
_____

- 누가 무엇을 말하였는가?

_____
_____

- 어떠한 방식으로 이야기하였는가?
  _____
  _____

- 그 논의의 결과로 어떤 일이 일어났는가?
  _____
  _____

3. 성장하면서 가정에서의 갈등은 어떻게 해결되었는가?
  _____
  _____

4. 다음 네 개의 갈등 유형 중 자신은 어디에 속하는가?
   ☐ 이기기 위해 싸운다   ☐ 물러선다
   ☐ 피한다   ☐ 사랑으로 해결한다

5. 다음 네 개의 갈등 유형 중 여러분의 약혼자는 어디에 속하는가?
   ☐ 이기기 위해 싸운다   ☐ 물러선다
   ☐ 피한다   ☐ 사랑으로 해결한다

6. 갈등을 해결하지 못해 관계에 문제가 생겼던 경험이 있었는가? 어떠한 경험이었나?
  _____
  _____

7. 여러분이 잘못했을 때 이를 인정하는 것이 어렵게 느껴지는가? 당신의 잘못을 인정하는 것이 힘든 편인가? 약혼자는 어떠한가?

_____
_____

8. 용서를 하는 것이 어렵다고 생각되는가? 약혼자는 어떠한가?

_____
_____

#기도하기

이쯤 되면 여러분은 결혼이 지닌 영적 속성에 대해 잘 알게 되었을 것이다. 여러분과 하나님과의 관계가 여러분과 약혼자와의 관계에 직접적인 영향을 미친다는 것은 당연한 일이다. 이제 기도하는 시간을 가져보자. 앞에서 배운 경청의 기술을 통해 하나님께서 여러분에게 하시는 말씀을 들어보고 이에 대해 하나님께 답하는 기도를 드려라.

1. 함께 무릎을 꿇고 다음 성경 구절을 마음속으로 읽어보자.

"복 있는 사람은 악인들의 꾀를 따르지 아니하며 죄인들의 길에 서지 아니하며 오만한 자들의 자리에 앉지 아니하고 오직 여호와의 율법을 즐거워하여 그의 율법을 주야로 묵상하는도다 그는 시냇가에 심은 나무가 철을 따라 열매를 맺으며 그 잎사귀가

마르지 아니함 같으니 그가 하는 모든 일이 다 형통하리로다"

(시편 1:1~3)

2. 말씀을 조용히 읽어보고 이에 대해 묵상한 다음, 둘 중 한 명이 소리 내어 구절을 읽어보자.

3. 이제 하나님께서 시편을 통해 말씀하신 것에 대한 응답의 기도를 올려 드리자.

예시:

하나님,

시편 1장을 통해 복 있는 사람은 주님의 뜻을 알고 이에 순종하는 사람이라는 하나님의 말씀을 들었습니다. 저 또한 그러한 사람이 되고 싶습니다. 다른 이들이 말하는 것에 귀 기울이는 대신 하나님께서 말씀하시는 것에 귀 기울이는 제가 될 수 있도록 도와주세요. 예수 그리스도의 이름으로 기도 드렸습니다. 아멘.

심화 학습

1. p.245의 '인생지도'를 작성하고, 진정한 의사소통의 원리를 생각하면서 서로의 인생지도에 대해 나눠보라. 상대가 하는 말만 단순히 듣는 것이 아니라 말투와 비언어적 신호 또한 알아차릴 수 있어야 한다. 그리고 적절할 때 내용을 명확히 이해하기 위한 질문과 내용을 요약할 수 있는 질문도 해보자. 마지막으로 여러분은 경청하는 태도

로 핵심적인 내용에 초점을 맞출 수 있어야 한다.

약혼자가 인생지도에 적은 중요 사건들에 대해 질문할 수 있는 것은 다음과 같다.

- 당시 그 사건으로 인해 어떤 기분을 느꼈어요?
- 그리고 지금은 그에 대해 어떻게 느끼나요?
- 하나님께서 그 일을 통해 당신이 무엇을 하길 원하시는 것 같아요?
- 그 일을 통해 자신의 신체적인 부분이나 지적 능력, 또는 사회성이나 영적 능력에 대해 어떤 관점을 지니게 되었나요?
- 오늘날까지도 그 사건으로 인한 감정이 남아있다고 생각하나요? 지금도 그 사건이 남긴 감정을 여전히 가지고 있나요?
- 이러한 일들이 당신이 가진 꿈과 갈망하는 것들에 어떠한 영향을 미쳤나요?
- 이러한 일들이 당신이 지닌 두려움과 걱정에는 어떠한 영향을 미쳤나요?
- 이러한 경험을 통해 무엇을 배웠나요?
- 이러한 사건들로 인해 어떻게 오늘날의 당신이 만들어지게 되었나요?
- 당신의 인생지도에서 우리 관계는 어디에 위치하고 있다고 생각하나요?

2. p.281의 '커플 인터뷰' 활동을 완성하라.

#재혼자를 위한 특별한 질문

1. 첫 번째 결혼이 실패로 이어지게 된 소통의 문제는 어떤 것이 있었는가? 그리고 당신이 상대방과의 의사소통에 있어서 미숙했던 점은 무엇이었는가? 앞에서 배운 소통의 원칙을 참고해 보자.

   _____
   _____

2. 이번 결혼 생활에서는 지난번과 같은 의사소통 문제를 겪지 않을 것이라고 믿는 이유를 적어보라.

   _____
   _____

3. 재혼을 고려하는 상황에서 당신이 고쳐야 할 의사소통 방식은 어떤 것이 있는가? 그리고 어떤 의사소통 기술을 발전시키고 연마해야 하는가? 향상시키고 연습할 필요가 있는가? 앞에서 배운 소통의 원리를 참고해 보자.

   _____
   _____
   _____

2장 남편과 아내의 역할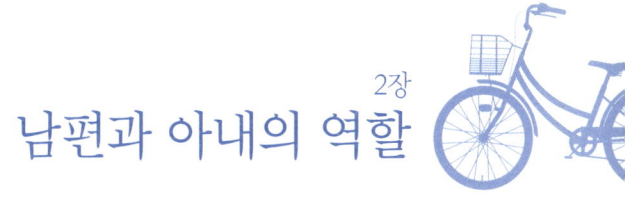

#방향 찾기

성경은 남편과 아내의 역할을 명확하게 제시하고 있으며 이에 대해 정확히 알고 있어야 할뿐만 아니라 정확히 따라야 한다.

여러분이 도로에서 운전을 하고 있다고 가정해 보자. 갑자기 뒤에서 쿵쿵거리는 음악 소리가 크게 들린다. 운전자가 500m 반경의 모든 사람들에게 자신의 음악을 듣는 기쁨을 선사해주리라 마음먹은 듯하다. 이렇게 크게 음악을 틀어놓고 어떻게 운전을 할 수 있는지 아니, 심지어 생각이나 할 수 있는지 싶다.

결혼 생활에서 남편과 아내의 역할에 대해 이야기할 때도 이와 같은 일이 벌어진다. 누군가에게 이에 대해 차분히 설명해 주려 해도, 시대의 풍조가 이를 방해한다. 아이러니하게도 모든 결혼은 특정한 사회적, 조직적 방식에 따라 이루어지며, 남편과 아내는 이를 유지하기 위해 정해진 역할을 맡는다. 문제는 이러한 역할이 과연 결혼을 창조하신 하나님께서 정해주신 것인지, 아니면 그저 인간이 만들어낸 것인지에 대한 여부이다.

이번 장을 마칠 때 쯤 여러분은 하나님께서 남편과 아내에게 주신 각자의 역할을 성경적으로 생각해 볼 수 있게 되고, 그것에 대해 계획하는 기회를 얻게 될 것이다. 그리고 하나님의 변함없으신 계획에 따라 설계도 위에 결혼을 세우게 되면 여러분이 얻을 수 있는 혜택이 무엇인지도 알게 될 것이다.

#생각해 보기

1. 지난 몇 백 년 동안 이어져 내려온 남편과 아내의 전통적인 역할은 무엇이었는가?

   _____

   _____

2. 잠시 시간을 갖고 오늘날의 대중매체(특히 TV와 영화)가 남편과 아내를 주로 어떻게 묘사하는지 생각해 보자.

   _____

   _____

   a. 다음 중 어떤 것이 오늘날 묘사되는 아내의 모습인가? 가능하면 그 예시도 생각해 보자. 하나 이상 체크해도 된다.

   ☐ 여장부   ☐ 순교자
   ☐ 희생자   ☐ 엑스트라
   ☐ 악당   ☐ 지도자

- ☐ 인재 보스　　　☐ 폭군
- ☐ 기타: _____

예시:

b. 다음 중 어떤 것이 오늘날 묘사되는 남편의 모습인가? 가능하면 그 예시도 생각해 보자. 하나 이상 체크해도 된다.
- ☐ 영웅　　　　　　☐ 순교자
- ☐ 무능한 멍청이　　☐ 엑스트라
- ☐ 악당　　　　　　☐ 지도자
- ☐ 몸만 건장한 바보　☐ 폭군
- ☐ 선구적인 탐험가
- ☐ 기타: _____

예시:

3. 다음 항목들이 결혼의 역할과 책임에 대한 여러분의 생각에 얼마나 큰 영향을 미쳤는지 평가해 보자. (가장 많은 영향을 준 항목부터 1번에서 6번까지)

_____ 나의 부모님이 어떻게 결혼 생활을 영위해 나가셨는지
_____ 오늘날 대중문화를 통해 보아온 것들
_____ 나의 친구들이 결혼 생활을 해나가는 방식
_____ 성경과 교회에서 배워온 것들
_____ 읽어보고, 공부해보고, 눈으로 본 것들
_____ 기타: _____

오늘날의 대중문화는 전통적인 역할에 반발하고 있다. 남편이 집안의 가장이 되어야 한다는 생각은 부당하고 편협한 옛날 옛적의 생각으로 여겨진다. 그리고 여성들이 결혼 생활을 더욱 적극적이고 독립적으로 마주하는 것, 자신의 직업을 통해 성취감을 얻는 것이 장려되고 있다. 많은 경우, 집에서 아이들을 돌보는 어머니는 우둔하고 재미없는 사람으로 묘사된다. 집안일을 하며 시간을 '낭비'하고 있다고 말이다.

하지만 이러한 현대적인 결혼 생활의 역할에 대해 만족하는 사람은 많지 않다. 결혼 관계에 있어 여성의 목소리가 점점 높아지면서 남성은 가정 내에서 점점 수동적으로 변해가고 있다. 그리고 아내가 남편을 덜 존경하게 되면서 남편 또한 아내를 향한 사랑의 정도가 약해지고 있다. 한편, 성적 역할에 대한 구분이 모호해진 우리 사회에서 자라나는 남자아이들과 여자아이들은 자신이 남자 또는 여자라는 것이 어떠한 의미인지 알지 못하게 되었다.

이제 성경이 이에 대해 어떻게 이야기하고 있는지 살펴보자.

성경적 원리

간단한 복습을 해보자. 결혼에 대한 하나님의 목적은 무엇인가? p.69~78을 참고해 보라.

첫 번째 목적: _____

두 번째 목적: _____

세 번째 목적: _____

성경을 통해 결혼 안에서 남편과 아내의 역할을 알아볼 때 기억해야 할 것은 이것이 임의적인 것 또는 시대적인 것이 아니라는 점이다. 그리고 특권이나 계급 또는 지위를 나타내는 것도 아니다. 다만 결혼을 향한 주님의 뜻에 따라 부부가 협동해서 이뤄나가야 하는 불가분의 기능들일 뿐이다.

남편의 역할

1. 다음 성경 구절은 결혼 생활에서 남편이 어떠한 역할을 해야 한다고 말하고 있는가?

   "이는 남편이 아내의 머리 됨이 그리스도께서 교회의 머리 됨과 같음이니 그가 바로 몸의 구주시니라" (에베소서 5:23)

   "너희가 모든 일에 나를 기억하고 또 내가 너희에게 전하여 준 대로 그 전통을 너희가 지키므로 너희를 칭찬하노라 그러나 나는 너희가 알기를 원하노니 각 남자의 머리는 그리스도요 여자의 머리는 남자요 그리스도의 머리는 하나님이시라" (고린도전서 11:2-3)

   _____

   _____

2. 머리가 '리더'를 뜻하고 있는 중에 '남자의 머리는 그리스도요 여자

의 머리는 남자요 그리스도의 머리는 하나님이시라'라는 구절은 무슨 의미인가? 예수님께서는 어떤 리더십을 보여주셨는가?

_____

_____

결혼 안에서 남편의 리더십은 우수한 뛰어난 능력에 근거하는 것이 아니라 하나님께서 정해주신 것이다. 그리고 결혼 관계와 하나님께 책임을 다하고, 자신의 필요보다 아내의 필요를 우선시하는 것을 의미한다. 또한, 배우자에게 짐을 지우는 것이 아닌 그 짐을 덜어주는 것이며, 아내가 자신의 재능과 능력을 발달시켜 활용할 수 있도록 도와주는 것이다. 그리고 아내에게 희생적인 사랑을 보여주는 것도 이에 포함된다.

3. 성경적인 의미의 참된 리더십은 세상적인 것과 다르다. 다음 말씀에서 이러한 두 종류의 리더십을 묘사하고 있는 핵심 단어나 구절은 어떤 것이 있는가?

"예수께서 불러다가 이르시되 이방인의 집권자들이 그들을 임의로 주관하고 그 고관들이 그들에게 권세를 부리는 줄을 너희가 알거니와 너희 중에는 그렇지 않을지니 너희 중에 누구든지 크고자 하는 자는 너희를 섬기는 자가 되고 너희 중에 누구든지 으뜸이 되고자 하는 자는 모든 사람의 종이 되어야 하리라 인자가 온 것은 섬김을 받으려 함이 아니라 도리어 섬기려 하고 자기 목숨을 많은 사람의 대속물로 주려 함이니라" (마가복음 10:42~45)

예수님의 리더십	이방인의 리더십

4. 다음 구절을 읽어보고 남편이 아내를 리드한다는 것이 어떤 의미인지에 대해 더 알게 된 것을 적어보자.

 "남편들아 아내 사랑하기를 그리스도께서 교회를 사랑하시고 그 교회를 위하여 자신을 주심 같이 하라" (에베소서 5:25)

 _____
 _____

 하나님께서는 결혼 안에서 남편이 가정을 이끌어나가고 아내와 자녀의 필요를 채워주는 '서번트 리더'(섬김의 리더)가 되길 원하신다. 서번트 리더가 되기 위해서는 우선 기도와 예배를 드리고 하나님의 말씀을 공부하는 가정의 영적 지도자가 되어야 한다. 그리고 가정을 부양하며 재정적인 문제도 책임져야 한다. 또한, 앞장서서 용서를 구하고 갈등을 해결하여 평안하고 안정적인 가정을 이루어 나가야 한다.

5. 다음은 서번트 리더, 이기적 리더, 수동적인 리더가 가정에서 일어나는 일상적인 상황에 대처하는 모습을 보여주고 있다. 빈칸을 완성해 보자.

상황	이기적 리더	수동적인 리더	서번트 리더
새로운 자동차가 필요하다.	아내와 가족들의 필요에는 아랑곳하지 않고 자신이 원하는 자동차를 구매한다.	자동차 구매에 대한 결정을 미룬다. 차를 구입하는 일을 모두 아내에게 맡겨두지만, 아내의 선택이 자신의 마음에 들지 않으면 입을 다물거나 화를 낸다.	아내와 함께 꼼꼼히 계획을 세우고 계획에 따라 둘 다 원하는 방향으로 결정을 내린다. 자신의 개인적 선호도보다는 가족의 필요를 더 우선시한다.
남편이 집에 귀가했는데 집안이 엉망이고, 저녁도 준비되지 않았다.			
자동차 수리비로 어마어마한 금액이 청구되었다. 남편과 아내 모두 하나님께서 이를 충당해 주실 지에 대한 확신이 점점 사라지고 있다.			
남편은 휴가로 산에 캠핑을 가고 싶은데, 아내는 해변가의 리조트에 가고 싶어 한다.			

아내의 역할

6. 다음 성경 구절은 결혼 생활에서 아내가 어떠한 역할을 해야 한다고 말하고 있는가?

"아내들이여 자기 남편에게 복종하기를 주께 하듯 하라 이는 남편이 아내의 머리 됨이 그리스도께서 교회의 머리 됨과 같음이니 그가 바로 몸의 구주시니라 그러므로 교회가 그리스도에게 하듯 아내들도 범사에 자기 남편에게 복종할지니라" (에베소서 5:22~24)

"여호와 하나님이 이르시되 사람이 혼자 사는 것이 좋지 아니하니 내가 그를 위하여 돕는 배필을 지으리라 하시니라" (창세기 2:18)

"늙은 여자로는 이와 같이 행실이 거룩하며 모함하지 말며 많은 술의 종이 되지 아니하며 선한 것을 가르치는 자들이 되고 그들로 젊은 여자들을 교훈하되 그 남편과 자녀를 사랑하며 신중하며 순전하며 집안 일을 하며 선하며 자기 남편에게 복종하게 하라 이는 하나님의 말씀이 비방을 받지 않게 하려 함이라" (디도서 2:3~5)

"… 아내도 자기 남편을 존경하라" (에베소서 5:33)

위의 구절은 남편을 존경하며 지지함으로써 그를 향한 사랑을 보여주는 것이 아내의 역할이라고 말하고 있다. 존경이란 남편의 단점에도 불구하고 그를 온전히 받아들이는 것이다. 그리고 남편을 지지하는 것은 그의 리더십에 복종함으로써 남편과 대적하기 보다는 남편의 부족한 부분을 채워주는 것이다. 이는 아내가 열등한 위치에 있다는 뜻도 아니고, 자신의 정체성을 잃어버린다는 뜻도 아니다. 또는 자신이 지닌 능력을 발휘하지 못하거나 무조건적인 복종 또는 언어적, 신체적 폭력에 대한 굴복을 의미하지도 않는다. 그리고 남편을 따라 죄의 길로 빠져드는 것도 이에 해당되지 않는다. 이는 자신의 욕구만을 채우지 않고 결혼 생활과 가정 생활을 이끌어 나가는 남편과 협력하는 것을 의미한다.

존 파이퍼는 "복종이란 아내가 남편의 리더십을 존경하고 따르며 자신의 능력에 따라 그를 돕는 것을 의미하는 신성한 표현이다… 그리고 '당신이 가정의 주도권을 잡게 되어서 기뻐요. 당신이 어떠한 일에 책임을 갖고 사랑으로 이를 이끌어나갈 때 정말 감사해요. 만약 당신이 수동적으로 임하면 저 또한 잘해나가지 못할 거예요. 가정의 화목이 중요하니까요.'라고 말할 수 있는 마음가짐이다."라고 말했다.

7. 여성만 답해보자. 서번트 리더로서의 남자의 역할에 대한 정확한 정의를 살펴보았는데, 이를 통해 복종에 대한 개념이 좀 더 쉽고 타당하게 느껴지는가? 왜 그러한가? 또는 왜 그렇지 못한가?

   _____
   _____

8. 창세기 2장 18절은 "여호와 하나님이 이르시되 사람이 혼자 사는 것이 좋지 아니하니 내가 그를 위하여 돕는 배필을 지으리라 하시니라"라고 말하고 있다. 오늘날 이러한 '돕는 배필'을 향한 세상적인 시각은 어떠한가?

   _____

9. 다음 구절에서 돕는 배필을 칭하는 '돕는다'를 의미하는 단어에 동그라미를 쳐보자.

"하나님은 나를 돕는 이시며 주께서는 내 생명을 붙들어 주시는 이시니이다" (시편 54:4)

"보혜사 곧 아버지께서 내 이름으로 보내실 성령 그가 너희에게 모든 것을 가르치고 내가 너희에게 말한 모든 것을 생각나게 하리라" (요한복음 14:26)

"그러므로 우리가 담대히 말하되 주는 나를 돕는 이시니 내가 무서워하지 아니하겠노라 사람이 내게 어찌하리요 하노라" (히브리서 13:6)

10. 하나님께서 우리를 돕는 분이라는 사실을 고려해 볼 때, '돕는 배필'은 어떠한 의미로 새롭게 다가오는가?

_____
_____

돕는 배필로서의 아내의 역할에 대해 정확히 이해하게 되면, 이러한 역할이 남자의 부족한 부분을 채워주는 데 있어 굉장히 중요함을 깨닫게 된다. 남편은 아내만이 채워줄 수 있는 부족한 부분을 가지고 있기 마련이기 때문이다.

11. 어떠한 부분에서 남편이 아내의 도움을 필요로 할까?

_____

_____

_____

돕는 배필의 반대는 경쟁자가 되는 것이다. 경쟁자는 부족한 부분을 채워 주거나 취약한 부분을 지지해 주기는커녕, 이에 대해 정반대의 입장을 취한다. 이들은 우위를 차지하기 위해 상대방의 약점을 이용한다. 경쟁적인 아내는 남편이 공격적이거나 보복적 또는 도피적인 모습을 보일 때까지 자극한다. 이렇게 되면 다정한 남편의 모습이나, 아내를 지지해 주며 필요를 채워 주는 모습을 기대할 수 없게 된다.

이러한 모습은 하나님께서 결혼 생활을 위해 만들어 주신 조직적 구조를 위태롭게 만든다. 하나님께서는 여자를 남편을 완성시키는 존재로 만드셨다. 그리고 남자는 자신의 욕구를 우선시하지 않고, 배우자의 안위를 우선시하는 서번트 리더로 세우셨다. 따라서 남편과 아내가 이러한 역할에 충실할 때 이들은 하나님을 경외하고 높이는 것이다. 하나님을 찬양하는 것, 이것은 결혼 제도의 목적 중 하나이기도 하다.

12. 다음 구절은 자신의 책임을 다하는 아내를 남편이 어떻게 대해야 한다고 말하고 있는가?

 "… 그의 남편은 칭찬하기를 덕행 있는 여자가 많으나 그대는 모든 여자보다 뛰어나다 하느니라" (잠언 31:28~29)

"… 또 생명의 은혜를 함께 이어받을 자로 알아 귀히 여기라… "

(베드로전서 3:7)

_____
_____
_____

13. 남편이 아내를 칭찬하고 소중하게 여기면 아내가 얼마나 자신의 성경적인 역할을 다하게 될까? 만약 아내가 남편으로부터 이러한 대우를 받지 못하면 어떠한 일이 생기겠는가?

_____
_____
_____

04
The 아름다운 결혼을 위한 지침

- 모든 결혼은 사회적 또는 조직적 구조를 지니고 있으며, 이를 유지하기 위해 남편과 아내는 각자 자신의 역할을 다해야 한다. 역할이 없는 결혼 생활은 존재하지 않는다.

- 성경은 결혼 생활에서 남편과 아내의 역할에 대해 구체적으로 밝히고 있다.

- 남편은 서번트 리더로 가정을 이끌어 나가고 아내와 자녀의 필요를 채워 주어야 한다.

- 아내는 남편을 존경하고 지지해 주도록 부름 받았으며, 남편의 리더십을 완성시키고 부족한 부분을 채워 주어야 한다.

#진실한 대화

약혼자와 함께 다음 활동을 해보자.

1. 시간을 갖고 '생각해 보기'와 '성경적 원리' 부분을 살펴본 후, 다양한 질문에 대한 대답을 나누어 보자. 약혼자가 그러한 대답을 하게 된 이유를 물어보라.

2. 여러분이 성장한 가정 안에서 부모님은 각자 어떠한 역할을 지니고 계셨는가? 이 질문은 '개인의 삶 돌아보기' 부분을 참고해 보라.

   a. 결혼 생활에서 주도권을 갖고 계셨던 분은 누구인가?
      결혼 생활에서 리더는 누구였는가?

      _____
      _____

   b. 부모로서 주도권을 지녔던 분은?

      _____
      _____

c. 부모님께서는 어떻게 의사 결정을 하셨나?

_____
_____
_____

3. 이제 하나님께서 계획하신 남편과 아내의 구체적인 역할에 대한 하나님의 계획에 관해서 서로 얼마나 동의하고 있는지 알아보자.

| 1 | 2 | 3 | 4 | 5 | 6 | 7 | 8 | 9 | 10 |

동의하지 않음   동의함

설명:

_____
_____
_____

4. 자신에게 주어진 주요 역할을 수행했을 때 얻을 수 있는 긍정적인 힘을 알아보자.

a. 남자 : 자신의 삶에 있어 부족한 부분을 약혼자가 돕는 배필로서 채워 주었던 경험에 대해 약혼자에게 이야기해 보자. 이를 통해 어떤 감정을 느꼈는가?
그녀가 삶의 빈 곳을 채우는 돕는 배필임을 실감했던 때에 대해서 약혼녀에게 말하라.

b. 여자 : 여러분의 안위를 위해 약혼자가 주도권을 잡고 서번트 리더로서의 역할을 다했던 경험에 대해 이야기해 보자. 이를 통해 어떤 감정을 느꼈는가?
그가 당신을 위해 최선을 다하는 서번트 리더임을 경험했을 때에 대해서 약혼자에게 말하라.

5. 주어진 주요 역할을 수행하지 못했을 때 나타나는 부정적인 힘을 알아보자.

a. 남자 : 약혼자가 돕는 배필이 아닌 경쟁자로 느껴졌던 경험에 대해 이야기해 보자. 이를 통해 어떤 감정을 느꼈는가?

b. 여자 : 약혼자가 주도권을 잡기를 바랐으나 그러지 않았던 경우에 대해 이야기해 보자. 또는 약혼자가 서번트 리더가 아닌

수동적 리더 또는 이기적 리더의 모습을 보였던 경우에 대해서도 이야기해 보자. 이를 통해 어떤 감정을 느꼈는가?

_____
_____
_____

6. 결혼 생활에서 역할에 대한 갈등은 주로 두 영역에서 많이 나타난다. 첫 번째는 중요한 의사결정에 대한 것이고, 두 번째는 집안일을 분배하는 일이다. 이번 장을 통해 위의 두 영역에서 갈등을 피할 수 있는 가르침을 받았다면 어떠한 것인가?

_____
_____
_____

#기도하기

여러분이 결혼 생활에서 자신의 역할을 다하는 것은 오직 여호와의 능력을 통해서만 이루어질 수 있다.

1. 잠시 시간을 갖고 다음 예시 기도문을 참고하여 함께 기도해 보자. 하나님께서 주신 각자의 역할을 결혼 안에서 충실히 이뤄나갈 수 있도록 해달라고 기도하자. 약혼자가 자신의 역할을 다하기를 기도하기보다는 자신이 그 역할에 책임을 가지게 해달라고 기도하고 또

한 상대방에게 감사한 마음을 표현할 수 있도록 해달라고 기도하자.

2. 예시 기도문

다음은 남자를 위한 예시 기도문이다.

하나님,
하나님께서 불러주신 높고 영광스러운 역할, 즉, 서번트 리더가 되고 싶습니다. 이를 위해 성장해야 하는 것도 많고, 책임감을 가져야 하는 부분도 많습니다. 예수님께서 교회를 사랑하셨듯이 저도 약혼자를 사랑하게 해주시고, 희생을 통해 섬기게 해주세요. 그녀를 섬기는 데에 저 자신을 희생하도록 도와주십시오. 그리고 제 약혼자를 미래의 돕는 배필로서 높여주고, 존중할 수 있는 방법을 알려 주세요. 예수님 이름으로 기도 드렸습니다. 아멘.

심화 학습
1. p.263의 '역할 설명서'를 완성하라.

# 재혼자를 위한 특별한 질문

해당되는 질문에 개인적으로 답한 후 약혼자와 함께 나누어 보자.

1. 이전 결혼에서 남편과 아내의 역할은 어떻게 다뤄졌는가?

   _____
   _____
   _____

2. 이전 결혼에서의 남편과 아내의 역할에 대한 관점과 이에 대해 실천한 것이 현재 관계에 영향을 미친다면 어떠한 것이 있는가?

   _____
   _____
   _____

3. 이전 결혼 생활에서는 실패했지만, 새로운 결혼 생활에서는 실천하고자 하는 성경적인 역할에 대해 최소 세 가지를 상세히 적어보자.

   _____
   _____
   _____

3장
재정 원칙

#방향 찾기

하나님께서 모든 것의 소유자이시며, 우리는 단지 그분의 청지기일뿐이다.

결혼 생활의 일체감을 확인해보고 싶은 부부가 있다면, 그들이 어떻게 재정을 관리하는지 살펴보면 된다. 이 문제는 모든 부부들이 결혼 생활에서 겪는 가장 중요한 문제이기 때문이다.

최근 몇 년간의 조사 결과에 따르면 재정 문제가 가장 주요한 이혼 사유로 꼽히고 있다. 그리고 이는 일반적으로 돈이 부족해서 생기는 문제가 아니라 돈을 어떻게 관리하고, 어떻게 나누는지에 따른 문제이다.

사람이 재정을 관리하는 방식은 그 사람의 성격과 욕구 그리고 우선순위뿐만 아니라 하나님과의 관계도 보여준다. 그리고 결혼 안에서 두 사람이 함께 재정 관리에 대해 논의하는 것은 영적인 논의임을 알게 될 것이다.

결혼한 부부는 재정 문제에 대해 평생 동안 배우자와 논의한다. 이들은 지출, 저축, 십일조, 투자, 취미, 용돈 그리고 기타 관련 문제들에 대해 수년에 걸쳐 함께 조정하게 된다.

하지만 대부분 많은 사람들은 결혼하기 전부터 돈 관리를 어려워한다. 따라서 지금 중요한 문제에 대해 미리 약혼자와 이야기해 본다면, 결혼 후 재정 문제로 인해 갈등할 일을 크게 줄일 수 있을 것이다.

이 장에서는 돈과 물질적인 소유에 있어 진정으로 만족할 수 있는 비밀을 가르쳐 줄 것이다. 그리고 재정 문제에 대한 서로의 자세와 기대 그리고 계획을 알아갈 수 있을 것이다.

여러분이 앞으로 재정과 관련한 문제에 맞닥뜨렸을 때 이번 장을 통해 그러한 문제를 한 번에 모두 해결할 수는 없을 것이다. 하지만 이번 활동을 통해 여러분 삶에 적용할 수 있는 재정적인 문제의 기초적이고 기본적인 사항 및 기술을 배울 수는 있다.

#생각해 보기

다음 이야기를 읽어보고 질문에 대답해 보자.

사례: 에릭과 아만다의 재정 문제

에릭과 아만다는 신혼 때부터 재정 문제를 겪기 시작했다. 퇴근 후, 그들의 작은 아파트로 들어갈 때마다 화려한 광고판이 이들의 시선을 끌었다. 그곳에는 아름다운 집을 찍은 사진과 함께 다음 광고문이 굵은 글씨로 써져 있었다. '당신의 가족은 최고

를 누릴 가치가 있습니다.'

당시 많은 친구들이 새로운 개발 단지에 집을 장만하고 있었기에 시기상으로 집을 장만하기에 좋은 타이밍처럼 느껴졌다. 친구들 또한 "휴~ 낡은 아파트에서 벗어나니 살 것 같네."라든지, "그렇게 작은 공간에서 어떻게 계속 살아?"라고 말하며 그들에게 새로운 집을 장만해야 된다는 뉘앙스를 풍겼다. 아만다는 계속해서 "우리도 집을 장만하면 정말 좋을 것 같아요."라고 에릭에게 말했다.

그러던 어느 날, 이들은 결혼사진이 나왔다는 연락을 받았다. 에릭과 아만다는 급히 스튜디오로 달려가 앨범을 받았다. 사진은 너무나 근사했고 둘은 결혼식 날의 행복했던 기억을 떠올렸다. 하지만 사진사가 청구한 비용을 보면서 에릭은 갑자기 무언가 가슴이 답답한 느낌을 받았다. 그리고 신혼여행에서 그들이 지불해야 했던 호텔 숙박비와 항공료 및 레스토랑과 선물 비용으로 지불했던 돈을 메꾸어야 한다는 생각에 이내 마음이 무거워졌다. 하지만 그 행복한 순간을 망치고 싶지 않아 아내에게는 이에 대해 언급하지 않았다.

한편, 아만다는 다른 부담감을 느끼고 있었다. 오는 추수감사절에 에릭의 가족이 방문하기로 했던 것이다. 아만다는 잘 대접하고 싶어 그들이 가지고 있었던 사기그릇을 전부 세트로 장만해 두고 싶었다. 그래서 에릭에게 "여보, 딱 300달러만 있으면 그릇 세트를 모두 장만할 수 있어요. 그렇게 되면 사람들을 더 자주 초대할 수도 있을 거예요."라고 말했다. 에릭은 아만다에게 언급하지 않았던 지출 문제를 다시 한 번 떠올렸지만, 그렇게 하자고 아만다의 의견에 동의했다.

몇 개월 뒤, 에릭은 점점 재정 상태가 바닥나는 것이 느껴졌다. 가구와 의류를 구매하느라 신용카드 청구액도 점점 쌓여가고 있었다.

에릭은 아만다에게 "여보, 우리도 지출을 관리할 가계부를 써야겠어요."라고 말했다. 하지만 얼마 가지 않아 이들은 지출 관리를 포기했고, 에릭은 "이거 너무 힘들어."라고 불평하면서 가계부를 치워버렸다.

늦은 봄, 둘은 백화점에서 사용할 수 있는 200달러어치의 상품권과, 고급 레스토랑의 2인 식사권을 받을 수 있는 기회를 얻었다. 대신 부동산 중개업자와 함께 두 시간 동안 머서레이크 개발 단지를 둘러보는 조건이었다. 에릭과 아만다는 선물을 받기 위해 이 조건을 받아들였다.

개발 단지를 둘러보면서 둘은 감탄을 금치 못했다. 그리고 이들이 특별히 맘에 드는 집이 있었는데, 심지어 부동산 중개업자가 오늘 하루만 '특별 할인가'로 제공된다고 말한 집이었다.

이들은 잠시 이야기를 나눈 후 그 집을 구매하기로 결정하였다. 그리고 "어떻게든 되겠지. 그리고 나중에 집값이 오른 뒤 팔게 되면 이익을 남길 수도 있잖아? 이를 위해선 위험을 감수해야 해."라고 자신들의 결정을 합리화했다.

하지만 그 후 5개월 동안 둘은 돈 문제로 점점 더 많이 다투게 되었다. 아만다는 에릭이 자기 자신만을 위해 쓸데없는 지출을 너무 많이 한다고 불평했다. 이에 화가 난 에릭은 재정 문제 관리를 아만다에게 모두 맡겼다. 그리고 "당신이 그렇게 똑똑하면 어디 한번 관리해 봐요!"라고 말했다.

얼마 후 굉장히 좋은 기회가 찾아왔다. 에릭이 직장에서 승진할 기회를 얻은 것이다. 연봉도 많이 인상되었다. 하지만 매주 3일간 출장 근무를 해야 했고, 매달 한 번씩 주말에도 일해야 하는 조건이었다.

주택 담보 대출로 인해 허리끈을 졸라매야 했던 상황이었지만, 만약 승진이 된다면 두 사람의 급여로 충분히 충당할 수 있었을 뿐만 아니라 매주 외식도 나갈 수 있었다.

그리고 어느 날, 아만다가 에릭에게 그들의 인생을 통째로 바꾸어 놓은 질문을 던졌다. "여보, 우리가 안 쓰는 침실을 분홍색으로 칠해야 할까요? 아니면 하늘색으로 해야 할까요?" 둘은 가장 좋아하는 레스토랑에 가서 아만다의 임신을 축하했다. 집으로 돌아오는 길에 에릭은 자신이 어린 아들과 함께 골프를 치는 상상을 했다. 아만다는 어린 딸과 함께 인형놀이를 하고 장난감 찻잔을 가지고 노는 상상을 하며 혼자 웃었다.

하지만 차 안의 정적과 시원한 저녁바람 속에서 이들의 행복한 상상을 괴롭히는 한 가지 문제가 있었다. '만약 아만다가 직장을 그만두어야 한다면 우리는 어떻게 살아가지?'

1. 재정 관리 부분에서 에릭과 아만다가 잘못 내린 결정은 무엇인가?

_____
_____
_____

2. 어떠한 사고방식과 부담이 이러한 결정에 이르게 했는가?

_____
_____
_____
_____

3. 자신이 결혼 후 첫 1년 동안 잘 다루지 못할 것 같은 재정 문제에 대해 적어보자. 당신이 결혼 초기에 생길 것 같은 재정적인 문제에 관한 리스트를 작성하라. 이는 자신의 사고방식이 될 수도 있고, 행동 또는 신념이 될 수도 있다.

예상되는 다섯 가지 문제

A. _____
B. _____
C. _____
D. _____
E. _____

앞에서 살펴본 에릭과 아만다의 실수는 결혼한 부부에게서 흔히 볼 수 있는 문제점이다. 많은 사람들이 재정 관리를 어떻게 해야 되는지 알지 못한 채 성인이 된다. 이들은 우선순위를 어떻게 정해야 되는지도 모르고 그저 시대의 흐름과 친구들을 따라가며 정해진 예산에 따라 지출하는 것을 힘들어한다. 그리고 가장 중요한 것은 재정 관리에 대한 하나님의 관점에 대해 알지 못한다는 것이다.

#성경적 원리

재정문제를 논의할 때 돈에 대한 성경적 관점을 얻기 위해서 반드시 알아야 하는 두 가지 기초적인 질문이 있다. 이에 대한 이해 없이는 시대의 흐름에 휩쓸릴 수 있고, 마음이 가는 대로 충동적인 결정을 내리게 될 것이다.

이 돈은 누구에게 속한 것인가?

1. 다음 성경 구절을 보고 돈이 누구에게 속한 것인지 명시하고 있는 부분에 동그라미를 쳐보자.

> "땅과 거기에 충만한 것과 세계와 그 가운데에 사는 자들은 다 여호와의 것이로다" (시편 24:1)

> "여호와여 위대하심과 권능과 영광과 승리와 위엄이 다 주께 속하였사오니 천지에 있는 것이 다 주의 것이로소이다 여호와여 주권도 주께 속하였사오니 주는 높으사 만물의 머리이심이니이다 부와 귀가 주께로 말미암고 또 주는 만물의 주재가 되사 손에 권세와 능력이 있사오니 모든 사람을 크게 하심과 강하게 하심이 주의 손에 있나이다… 나와 내 백성이 무엇이기에 이처럼 즐거운 마음으로 드릴 힘이 있었나이까 모든 것이 주께로 말미암았사오니 우리가 주의 손에서 받은 것으로 주께 드렸을 뿐이니이다… 우리 하나님 여호와여 우리가 주의 거룩한 이름을 위

하여 성전을 건축하려고 미리 저축한 이 모든 물건이 다 주의 손에서 왔사오니 다 주의 것이니이다" (역대상 29:11~12,14,16)

2. 모든 것이 하나님께 속해있다는 진리를 통해 물질적인 소유와 금전적인 재물을 바라보는 관점이 어떻게 바뀌었는가? 결혼 생활에서 이를 적용할 수 있는 예시를 구체적으로 적어보자.

_____
_____
_____
_____

3. 다음 문장에 대한 자신의 생각을 말해보자.

"내 수입에서 10 퍼센트만 하나님께 드리고, 나머지 90 퍼센트는 내가 쓰고 싶은 대로 쓸 거야."

_____
_____
_____
_____

자신이 번 돈을 자신의 소유라고 느끼는 것은 자연스러운 현상이다. 하지만 우리가 성경을 통해 받아들여야 하는 첫 번째 근본적인 진리는 바로 하나님께 모든 것이 속해있다는 것이다.

만약 하나님께서 주인이시라면, 나는 무엇인가?

4. 다음 성경 말씀은 하나님께서 주신 재물에 대해 우리가 어떠한 책임감을 가져야 한다고 말하고 있는가?

"지극히 작은 것에 충성된 자는 큰 것에도 충성되고 지극히 작은 것에 불의한 자는 큰 것에도 불의하니라 너희가 만일 불의한 재물에도 충성하지 아니하면 누가 참된 것으로 너희에게 맡기겠느냐 너희가 만일 남의 것에 충성하지 아니하면 누가 너희의 것을 너희에게 주겠느냐 집 하인이 두 주인을 섬길 수 없나니 혹 이를 미워하고 저를 사랑하거나 혹 이를 중히 여기고 저를 경히 여길 것임이니라 너희는 하나님과 재물을 겸하여 섬길 수 없느니라" (누가복음 16:10~13)

5. 금전적 문제에 관한 두 번째 근본적인 진리는 첫 번째 진리로부터 비롯된다. 만약 모든 것이 하나님께 속해있다면 우리는 주인이 아니다. 우리는 그분의 재산을 관리하는 하인이자, 청지기일 뿐이다. 위에서 살펴본 누가복음 말씀은 이러한 청지기의 특징을 어떻게 묘사하고 있는가?

_____
_____
_____

청지기는 다른 사람의 재산이나 돈, 또는 이 밖의 일을 관리하는 사람이다. 이들은 자신이 관리하는 재산을 마치 자신의 것처럼 여기며 감독하고 관리한다. 투자 상담가 론 블루는 "관리란 하나님께서 주신 목적을 달성하기 위해 그분의 재물을 사용하는 것이다."라고 말했다.

6. 재정과 관련한 또 다른 근본적 진리는 위에서 살펴본 누가복음 16장 10~13절에서 찾아볼 수 있다. 바로 '하나님과 재물을 겸하여 섬길 수 없다'는 것이다. 다음 구절을 통해 추가적으로 얻을 수 있는 교훈은 무엇인가?

"너희를 위하여 보물을 땅에 쌓아 두지 말라 거기는 좀과 동록이 해하며 도둑이 구멍을 뚫고 도둑질하느니라 오직 너희를 위하여 보물을 하늘에 쌓아 두라 거기는 좀이나 동록이 해하지 못하며 도둑이 구멍을 뚫지도 못하고 도둑질도 못하느니라 네 보물 있는 그 곳에는 네 마음도 있느니라" (마태복음 6:19~21)

_____
_____
_____

7. 천국이 아닌 이 땅에서 재물을 더 많이 쌓으려고 노력한 사람의 예를 들어보자. 그 사람의 결말은 어떻게 되었는가?

_____
_____
_____
_____

8. 다음 성경 구절은 결혼 생활에 꼭 필요한 재정과 관련된 진리를 보여주고 있다. 바로 모든 것이 하나님께 속해있을 뿐만 아니라 우리의 필요를 채워주시는 분도 하나님이라는 것이다.

_____

_____

_____

다음 구절을 읽어보자.

"그러므로 내가 너희에게 이르노니 목숨을 위하여 무엇을 먹을까 무엇을 마실까 몸을 위하여 무엇을 입을까 염려하지 말라 목숨이 음식보다 중하지 아니하며 몸이 의복보다 중하지 아니하냐 공중의 새를 보라 심지도 않고 거두지도 않고 창고에 모아들이지도 아니하되 너희 하늘 아버지께서 기르시나니 너희는 이것들보다 귀하지 아니하냐 너희 중에 누가 염려함으로 그 키를 한 자라도 더할 수 있겠느냐 또 너희가 어찌 의복을 위하여 염려하느냐 들의 백합화가 어떻게 자라는가 생각하여 보라 수고도 아니하고 길쌈도 아니하느니라 그러나 내가 너희에게 말하노니 솔로몬의 모든 영광으로도 입은 것이 이 꽃 하나만 같지 못하였느니라 오늘 있다가 내일 아궁이에 던져지는 들풀도 하나님이 이렇게 입히시거든 하물며 너희일까보냐 믿음이 작은 자들아 그러므로 염려하여 이르기를 무엇을 먹을까 무엇을 마실까 무엇을 입을까 하지 말라 이는 다 이방인들이 구하는 것이라 너희 하늘 아버지께서 이 모든 것이 너희에게 있어야 할 줄을 아시느니라 그런즉 너희는 먼저 그의 나라와 그의 의를 구하라 그리하면 이 모든 것을 너희에게 더하시리라" (마태복음 6:25~33)

a. 돈과 관련된 문제를 하나님께 모두 맡겨드리는 것이 쉽게 느껴지는가? 아니라면 그 이유가 무엇인가?

_____
_____
_____

b. 하나님께서 공급해 주신 재물 안에서 빚을 지지 않고 살아가기가 쉽게 느껴지는가? 아니라면 이유가 무엇인가?

_____
_____
_____

영적으로 결정 내리기

우리는 하나님께서 당신의 재물을 맡겨두신 청지기이므로 우리가 내리는 모든 재정적 결정은 영적인 결정이 된다. 많은 이들에게 이는 굉장히 낯설게 느껴질 것이다. 여러분이 재정을 어떻게 관리하느냐의 문제는 여러분의 영적인 삶의 상태를 보여주는 아주 좋은 지표이다.

9. 이 장에서 배운 것을 어떻게 적용시킬 수 있을지 분야별로 이야기해 보자.

a. 예산을 편성하고 이를 유지하며 정해진 예산 금액 안에서 살아가는 것:

___

b. 결혼식과 신혼여행 비용:

___

c. 결혼 후 부부로서 영위해 나갈 생활 방식:

___

d. 하나님의 일을 위한 기여 사용:

___

e. 채무 부채:

___

재물과 관련된 하나님의 관점을 이해하는 것은 재산 관리에 있어 모든 부분에 영향을 미친다. 예를 들어, 하나님께서 공급해주신 재물 안에서 살아가는 것이 여러분의 책임이라는 것을 깨닫게 될 것이다. 그리고 물질적 소유에 대한 스스로의 자세를 살펴보고, 자신의 지출에 대해 좀 더 엄격해질 수 있다. 그리고 하나님의 일을 위해 더 많은 금전적 기여를 할 수 있을 것이다.

모든 것이 하나님께 속해있고, 우리는 그분의 재물을 맡고 있는 청지기라는 관점에서 보면 평생에 걸쳐 우리에게 일어날 금전적 문제를 해결할 수 있을 것이다. 그리고 부부가 함께 재물에 대한 성경적 시각을 갖게 되면 결혼 생활의 특권과 즐거움을 누리게 될 것이다.

앞에서 언급했듯이 결혼 안에서 돈을 관리하는 문제는 여러분의 관계가 어떤 상태인지 가장 잘 보여주는 척도가 될 수 있다. 그리고 지금이 결혼하기 전 재정 문제에 대한 서로의 생각을 일치시킬 수 있는 기회이다. 이를 위해서는 다음과 같은 노력이 필요하다.

- 돈을 '내 것'이 아닌 '우리의 것'으로 보는 것.
- 자신의 수입, 지출, 자산, 채무 부채 등 재산과 관련된 부분에 대해 솔직히 공개하고 숨기지 않는 것.
- 함께 예산을 책정하고 이를 지키기 위해 함께 노력하는 것.
- 중요한 재정 문제는 함께 결정하는 것.
- 함께 금전적인 목표를 세우는 것.

결혼 안에서 재정 문제로 갈등을 겪게 되면 점점 더 그 심각성이 커져 자칫하면 되돌릴 수 없는 일로 이어질 수도 있다. 하지만 재물은 긍정적인 역할을 하기도 한다. 바로 이해와 일체감이 형성되어 있는 결혼 안에서 하나님의 뜻에 따라 나아갈 때이다. 여러분은 하나님의 영원하신 뜻에 따라 그분의 재물을 관리해 나가는 엄청난 특권과 책임을 지녔다는 사실을 깨닫게 될 것이다.

05
The 아름다운 결혼을 위한 지침

- 모든 것은 하나님께 속해있으며, 우리는 그분의 재산을 관리하는 청지기이다.

- 하나님께서 여러분의 모든 필요를 채워 주신다.

- 재정적인 문제에 대한 결정은 영적인 관점으로 결정하는 것이다.

- 돈은 그 자체로 목적이 될 수 없다. 하나님의 계획하심과 목적에 따라 쓰이는 도구일 뿐이다.

- 돈에 대한 우리의 자세는 우리의 행동을 좌지우지한다.

- 재정에 있어 근본적인 문제는 금액이 아니다. 돈에 대한 우리의 마음가짐이다.

- 재정 문제를 함께 어떻게 해결해 나가는지는 결혼 안에서의 하나 됨을 알아볼 수 있는 가장 큰 척도이다.

#진실한 대화

1. 시간을 갖고 '생각해 보기'와 '성경적 원리' 부분을 살펴본 후 다양한 질문에 대한 대답을 나누어 보자. 그리고 약혼자가 그러한 대답을 하게 된 이유를 물어보라.

2. 다음 문제를 보고 여러분과 약혼자를 평가해 보자. 자신이 해당된다고 생각되는 부분에 X표를, 약혼자가 해당된다고 생각되는 부분에는 O표를 해보자.

   a. 모든 것이 하나님께 속해있으며 나는 그분께서 맡겨주신 재산을 관리할 뿐이라는 성경적 진리를 반영한 사고방식을 가지고 있다. 그리고 나는 이에 따라 실천하고 있다.

   | 1 | 2 | 3 | 4 | 5 | 6 | 7 | 8 | 9 | 10 |
   실천하지 못하고 있다   충실히 실천하고 있다

   이유:

_____
_____
_____

b. 내 약혼자는 모든 것이 하나님께 속해있으며 자신이 그분께서 맡겨주신 재산을 관리할 뿐이라는 성경적 진리를 반영한 사고방식을 가지고 있다. 그리고 이에 따라 실천하고 있다.

1	2	3	4	5	6	7	8	9	10
실천하지 못하고 있다							충실히 실천하고 있다		

이유:

_____
_____
_____

3. 다음 표를 보고 당신과 약혼자를 가장 잘 묘사하는 항목을 선택해 보자. 그리고 각자의 대답과 앞으로 갈등이 생길 수 있는 부분에 대해 나누어 보자.

나		약혼자
	나는 필요할 때만 구매한다.	
	세일할 때 구매해서 지출을 줄인다.	

- 값싸고 브랜드가 없는 제품이 최고다.
- 백화점이나 전문 면세점 등 명품만 선호한다.
- 휘발유는 휘발유일 뿐, 어디서 사는지 중요하지 않다.
- 이 길을 따라가면 휘발유가 더 싼 곳이 있다.
- 이번 달 가계부의 초과 금액이 5만 원 미만이다. 성공이다!
- 가계부와 통장 잔액이 1,000원이라도 차이나면, 무엇 때문에 그런지 밝혀낼 때까지 그 어떤 지출도 하지 않겠다.
- 이번 달 여가활동비를 이미 다 썼으므로 오늘 밤에 영화를 보러 갈 수 없다.
- 이번 달 예산을 조금 초과했으니 다음 달 예산을 당겨서 써야겠다.

대부분의 커플들은 이러한 부분에 있어 서로 다른 모습을 보인다. 하지만 서로 다른 점이 서로를 하나로 묶어주는 것임을 기억하자.

여러분의 목적은 약혼자가 여러분과 동일한 방법으로 재정적인 문제에 접근할 수 있도록 약혼자를 변화시키는 것이 아니다. 약혼자와 함께 같은 성경적 토대 위에서 이러한 문제에 임하는 것이다. 바로 모든 것이 하나님께 속해있고 여러분은 그분의 재산을 맡은 청지기라는 성경적 토대 위에서 말이다.

4. 이번 장을 통해 재정과 관련된 성경적인 원칙 중 여러분에게 가장 중요한 교훈을 준 것에 대해 간단히 나누어 보자.

_____
_____
_____
_____

5. 각자 소유하고 있는 것들 중 굉장히 중요하다고 생각하는 물건을 적어보자. 목록은 구체적으로 작성하여야 한다. (예: TV, 예금계좌, 자동차, 할머니께서 물려주신 목걸이 등) 그리고 서로 그 목록을 나누어 보자.

_____

_____

_____

#기도하기

모든 것이 하나님께 속해있다는 것을 인정하는 한 가지 방법은 여러분이 기도로써 이를 고백하는 것이다. 잠시 시간을 갖고 여러분에게 속한 이 모든 재물들이 사실은 하나님께 속한 것이라는 기도문을 작성해 보자. 다음은 기도문의 예시이다.

하나님, 모든 것이 하나님께 속해있다는 것을 압니다. 그리고 제가 작성한 목록에 포함되어 있는 재물들도 모두 하나님의 소유입니다. 모든 것이 하나님의 것이기에 이러한 재물을 저에게 맡겨주신 것에 감사드립니다.

약혼자와 함께 하나님께 기도를 올려 드리자.

심화 학습

1. p.267의 '예산 책정하기' 활동을 완성하라.

#재혼자를 위한 특별한 질문

개인적으로 다음 질문에 답하고 약혼자와 함께 나누어 보자.

1. 이전 결혼 생활에서 재정적인 문제를 겪으면서 배운 점들 중 새로운 결혼 생활에 도움이 될만한 것은 어떤 것이 있는가?

   _____
   _____

2. 이전 결혼 생활에서 발생한 재정적 부채가 있다면 새로운 결혼 생활에 어떠한 영향을 미치겠는가? 그리고 이를 어떻게 해결할 것인가?

   _____
   _____

3. 이전 배우자에게 금전적 지원을 받고 있다면 새로운 결혼 생활에서 이를 어떻게 관리할 것인가?

   _____
   _____

4. 이전 결혼 생활에서 사용하던 재산이나 물건(집, 그림, 추억이 깃든 물건 등) 중 현재 약혼자가 불편해 하는 것이 있는가? 어떻게 해결할 것인지 이야기해 보자.

   _____
   _____

4장
성적 친밀감

#방향 찾기

성은 하나님께서 만드신 것이다.

오늘날 성과 관련된 것을 보고 듣는 일은 거의 일상이 되어버렸다. 그리고 우리 시대의 문화는 대중매체로 이루어져 있으며, 그 속에는 성과 관련된 것들이 넘쳐나고 있다.

영화 내용이나 TV 프로그램에서도 볼 수 있으며, 발기 부전을 다룬 광고에서도 볼 수 있다. 잡지와 인터넷은 성과 관련된 이미지로 가득하고, 마우스 클릭 한 번이면 성적 판타지를 경험할 수 있는 성인 사이트로 접속할 수 있다. 유명한 잡지들도 '남편이 알았으면 하는 5가지 성관계 비법' 등과 같은 제목으로 기사를 내고 있다.

이처럼 우리 시대의 문화는 성관계에 집착하고 있다. 하지만 오늘날 우리 문화가 묘사하고 있는 이러한 성관계는 하나님의 본래 계획을 왜곡시킨 저급한 모조품일 뿐이다. 마치 선한 일에 쓰이도록 계획된 외과의사의 칼이 자칫 잘못된 손에 쥐어지면 남을 해치게 될 수도 있는 것과 같은 이

치이다. 오늘날의 성관계는 본래의 목적을 상실하였고, 왜곡되었으며, 이는 파괴적인 결과로 이어지고 있다.

이 장에서는 하나님께서 우리에게 주신 특권으로써의 성관계에 대해 간략하게 살펴볼 것이다. 그리고 이에 대해 잘못 알고 있었던 부분을 잡아내고 성경을 통해 하나님의 진정한 뜻을 알게 될 것이다. 또한 여러분이 가지고 있는 두려움과 기대에 대해 나눌 수 있는 기회도 갖게 될 것이다.

그리고 하나님께서 남자와 여자를 각자 다르게 지으셨음을 이해하고 이렇게 서로 다른 부분으로 인해 어떻게 지속적으로 결혼 관계의 결속을 탄탄하게 만들어갈 수 있는지 알게 될 것이다.

#생각해 보기

과거 이해하기

1. 다음 항목을 통해 어느 정도의 성교육이 이루어졌는지 퍼센트로 나타내보자. (합계가 100%가 되도록 해야 한다)

%	**또래 집단**: 친구들과 함께 우리가 생각하는 것이나 알고 있었던 것, 또는 들은 것에 대해 이야기했다.
%	**가정 교육 학습**: 성관계가 무엇인지 부모님께서 설명해 주셨다.
%	**독학**: 스스로 성에 관련된 것을 읽어 보았거나, 부모님이 아닌 다른 사람들에게 물어보았다.
%	**기독교 기관교회 학교**: 교회, 주일학교, 또는 청년부 모임.
%	**공교육 학습**: 학교 정규 과정이나 특강 등.

%	**경험:**	고난과 역경을 통해서 배웠다.
%	**대중매체:**	영화나 TV 프로그램을 통해 배웠다.
%	**기타:**	
	100% 전체	

2. 위의 항목들을 통해 배운 것 중 도움이 된 것은 어떤 것이 있는가?

_____
_____
_____
_____

3. 위의 항목들을 통해 배운 것 중 도움이 되지 않았던 것은 무엇인가?

_____
_____
_____
_____

 많은 사람들이 과거 경험에 대해 어디까지 공개해야 되는지 알고 싶어 한다. 만약 여러분이 이 문제로 인해 고민하고 있다면 p.232에 위치한 특별 섹션 '약혼자에게 과거를 공개하기 위한 특별한 메시지'를 읽어보길 바란다. 여러분의 성 경험에 대해 어디까지 공개해야 되는지에 대해 배우게 될 것이다.

4. 오늘날 우리 문화를 살펴보고, 왜 우리가 성경적인 의미의 성관계에 대해 배우는 것이 그토록 중요한지 생각해 보자.

_____
_____
_____
_____

안타까운 사실은 대부분의 사람들이 제대로 된 성교육을 받지 못했다는 점이다. 우리의 성에 대한 지식, 견해, 경험은 오늘날의 문화로 인해 왜곡되었으며, 이로 인해 우리는 남성 중심의 관점에서 성관계를 배우게 되었다. 결혼 후 행복한 성생활을 확립하기 위해서는 창조주 하나님께서 이를 어떻게 계획하셨는지 알 필요가 있다.

성경적 원리

다시 창세기로 돌아가 하나님께서 성관계를 어떻게 바라보시는지 알아보자.

> "이러므로 남자가 부모를 떠나 그의 아내와 합하여 둘이 한 몸을 이룰지로다" (창세기 2:24)

여기서 '한 몸'이라는 표현에 주목하자. 앞서 2부 2장에서 이 표현을 통해 '하나 됨'이라는 단어가 생겼다는 것을 배웠다. 한 몸이 된다는 것은 굉장히 심도 있는 관계적 친밀감을 의미하며, 이러한 친밀감에는 성관계가 필수적인 부분을 차지하고 있다.

루이스 에반스 주니어 박사는 '한 몸'이라는 단어를 두고 다음과 같이 말했다.

> 결혼 안에서 한 몸을 이루는 것은 단순히 육체적인 것을 의미하는 것이 아니라 두 인격의 완전한 일체를 의미한다. 우리는 결혼 서약을 통해 영적으로 한 몸이 된다. 또한 함께 경제적으로 공유하고, 재산을 언제 어떻게 사용해야 할지 함께 정해가면서 한 몸이 되기도 한다. 어두운 골짜기를 함께 터벅터벅 걸어가기도 하고, 성공의 정상에서 승리를 맛보기도 하면서 경험을 통한 한 몸이 될 수도 있다. 그리고 육체의 몸을 결합함으로써 성적인 한 몸이 될 수도 있다.

성관계는 단순히 육체적인 것이 아니다. 하나님께서는 더욱 친밀한 의사소통의 한 과정으로써 이를 창조하셨고, 그러한 과정에서 성관계는 매우 중요한 역할을 한다. 이러한 경험은 마치 콘크리트를 보강해 주는 철근처럼, 감정적 유대감을 높여 결혼을 더욱 견고하게 만들어 준다.

오늘날 혼전 성관계는 당연시되고 있으며, 결혼 전까지 순결을 지키는 사람들은 이상한 취급을 받기까지 한다. '순결과 동거에 대한 특별한 메시지'(p.251)를 보면, 하나님께서는 우리의 최선을 위해 혼전 성관계를 갖지 말라고 하신다. 우리가 천박한 모조품이 아닌 완벽한 최고를 경험하길 바라시는 것이다.

올바른 목적

다음 구절을 보고 하나님께서 결혼 안에서의 성관계를 통해 이루고자 하시는 목적이 무엇인지 자신의 말로 풀어서 써 보자.

○ 첫 번째 목적

"하나님이 그들에게 복을 주시며 하나님이 그들에게 이르시되 생육하고 번성하여 땅에 충만하라… " (창세기 1:28)

"보라 자식들은 여호와의 기업이요 태의 열매는 그의 상급이로다 젊은 자의 자식은 장사의 수중의 화살 같으니 이것이 그의 화살통에 가득한 자는 복되도다… " (시편 127:3~5a)

1. 위의 말씀에 따르면 하나님께서 성관계를 통해 이루고자 하시는 첫 번째 목적은 무엇인가?

   _____
   _____

○ 두 번째 목적

"네 샘으로 복되게 하라 네가 젊어서 취한 아내를 즐거워하라 그는 사랑스러운 암사슴 같고 아름다운 암노루 같으니 너는 그의 품을 항상 족하게 여기며 그의 사랑을 항상 연모하라" (잠언 5:18-19)

2. 위의 말씀에 따르면 하나님께서 성관계를 통해 이루고자 하시는 두 번째 목적은 무엇인가?

_____

_____

○ 세 번째 목적

"음행을 피하기 위하여 남자마다 자기 아내를 두고 여자마다 자기 남편을 두라 남편은 그 아내에 대한 의무를 다하고 아내도 그 남편에게 그렇게 할지라 아내는 자기 몸을 주장하지 못하고 오직 그 남편이 하며 남편도 그와 같이 자기 몸을 주장하지 못하고 오직 그 아내가 하나니 서로 분방하지 말라 다만 기도할 틈을 얻기 위하여 합의상 얼마 동안은 하되 다시 합하라 이는 너희가 절제 못함으로 말미암아 사탄이 너희를 시험하지 못하게 하려 함이라" (고린도전서 7:2~5)

3. 위의 말씀에 따르면 하나님께서 성관계를 통해 이루고자 하시는 세 번째 목적은 무엇인가?

_____

_____

여러분이 작성한 답은 다음과 같이 세 가지 핵심 단어로 요약할 수 있을 것이다.

- **번성 출산**: 성관계는 자녀를 낳기 위한 방법으로 계획되었다. '생육하고 번성하라'라는 하나님의 말씀은 변하거나 사라지지 않았다.
- **즐거움**: 성관계는 남자와 여자가 이를 통해 즐거움과 기쁨을 느낄 수 있도록 계획되었다. 중세시대 교회의 해석과는 달리 하나님께서는 성적 즐거움의 검열관이 아닌 창조주이시다.
- **보호**: 성관계는 남편과 아내를 유혹으로부터 지켜내는 역할도 한다. 서로를 성적으로 만족시키지 못하면 배우자가 다른 곳에서 성적 만족을 찾으려 할 수도 있다.

4. 위의 목적들 중 중요하다고 생각한 것 또는 새로웠던 것은 무엇인가?

_____

_____

이러한 새로운 지식이 여러분이 성관계를 바라보는 관점을 어떻게 변화시켰는가?

_____

_____

5. 위에서 언급된 목적들 중 여러분이 받아들이기 힘든 목적이 있는가? 이유는 무엇인가?

_____

_____

차이점 이해하기

남자와 여자가 성관계에 대해 가지고 있는 태도나 욕구, 그리고 반응이 다르다는 사실이 연구 결과를 통해 계속해서 나타나고 있다. 이는 하나님께서 어떻게 우리를 '남자'와 '여자'로 만드셨는지 보여주고 있다. 우리는 서로 다르며 뚜렷한 차이점이 있다. 성과 관련해 이러한 차이를 이해하는 것은 서로 만족하고 건강한 성생활을 세우기 위해 필수적이다.

6. 여러분의 관심을 끄는 것이나 이전에는 알지 못했던 것이 있으면 동그라미를 쳐보자. 이 표가 여러분이 지향해야 하는 이상적인 모습을 보여주는 것으로 생각하지 말자. 이는 약혼자가 당신을 이해하고, 당신이 약혼자를 이해하는 데 사용되는 표일 뿐이다.

일반적인 남녀 차이

남자		여자
육체적 부분적임	태도	관계적 전체적임
육체 지향적 시각 후각 행동	자극	사람 지향적 감각 태도 언어
존경 육체적인 욕구 충족 필요 육체적 표현	욕구	존중 감정적인 욕구 충족 필요 관계적 친밀감
비주기적임 흥분 속도 빠름 쉽게 주의를 빼앗기지 않음	성적 반응	주기적임 흥분 속도 느림 쉽게 주의를 빼앗김
짧고 강력함 육체에 집중되어 있음	오르가즘	길고 상세함 감정에 집중되어 있음

7. 남자는 성관계의 육체적인 부분에 집중하는 데 비해, 여자는 관계적인 부분에 집중한다. 이는 결혼 생활에서 어떠한 성적 문제를 일으킬 수 있겠는가?

_____
_____
_____

8. 여자가 성적으로 흥분되기 위해서는 남자보다 더 많은 시간이 필요하다는 사실을 남자가 아는 것이 왜 중요할까?

_____
_____
_____

9. 남자가 육체적인 충족을 깊이 갈망한다는 사실을 여자가 아는 것이 왜 중요할까?

_____
_____
_____

가장 놀라운 선물

행복한 결혼 관계에서 성관계는 부부를 더욱 가깝게 만들어 주는 역할을 한다. 마치 건설업자들이 콘크리트를 강화하기 위해 철근을 사용하는 것처럼 말이다.

결혼 안에서의 성관계는 부부의 감정적, 정신적, 그리고 영적 상태를 보여주는 육체적인 표현이다. 이는 하나님께서 주신 선물로, 남편과 아내가 사랑을 주고받으며 감정적이고 영적인 일체감을 육체적으로 표현할 수 있도록 해주셨다.

남편과 아내의 유대감은 굉장히 강력하기 때문에 불륜 등으로 심각한 금이 가게 되면 결혼 생활을 크게 망칠 수 있다. 또한, 오늘날의 문화가 왜곡된 성관계로 가득 차있기 때문에 당신과 배우자의 관계를 지키기 위해 노력해야 할 것이다. 하나님께서 주신 선물을 지키기 위해서 말이다.

06
The 아름다운 결혼을 위한 지침

- 성관계는 하나님께서 주신 것이기에 올바른 성 생활을 세우기 위해서는 여러분과 하나님과의 관계가 가장 중요하다.

- 성관계는 단순한 행위가 아닌 친밀한 의사소통의 과정이다.

- 성관계를 통한 하나님의 목적은 인류의 출산을 통한 번성, 관계의 즐거움, 그리고 결혼 관계의 보호이다.

- 서로 무엇을 기대하는지 이해하고 상의해 본다면, 이에 대한 두려움을 완화시키고 미래에 일어날 수 있는 갈등에 대비할 수 있을 것이다.

- 남자와 여자로서 서로의 다름을 이해하는 것이 서로 만족하고 건강한 성 생활을 영위하는 데 필수적이다.

- 결혼 안에서의 성관계는 온도 제어 조절 장치가 아닌 온도계에 비유된다. 이는 부부가 감정적, 정신적, 육체적, 그리고 영적으로 어느 단계에 이르렀는지 보여주는 표현이다. 하지만 단지 온도계를 켜 놓음으로써 온도가 따뜻해지는 것이 아닌 것처럼, 성관계를 한다고 해서 관계가 친밀해지는 것은 아니다.

#진실한 대화

여러분이 피해야 하는 유혹은 어떤 것이 있는가?

1. 잠시 시간을 갖고 '생각해 보기'와 '성경적 원리' 부분을 읽어보라. 그리고 각 질문에 대한 서로의 대답을 나누어 보자. 약혼자에게 왜 그러한 대답을 했는지 그 이유도 물어보도록 하자.

2. 앞에서 살펴본 '일반적인 남녀 차이'(p.223)를 보고 다음 이어지는 문장을 완성하라. 그리고 약혼자와 서로의 문장을 나누어 보자.

이 표에서 볼 수 있듯이 내가 남자/여자이기에 당신이 이해해줬으면 하는 부분은 …

_____
_____
_____
_____

3. 개인적으로 여러분이 성관계에 있어 기대하는 것이나 걱정하는 것에 대해 세 가지씩 적어보자.

기대	걱정

a. 서로 적은 것을 나누어 보자.

b. 약혼자가 가장 걱정하는 문제들을 해결하거나 완화시키기 위해 지금 또는 나중에 여러분이 할 수 있는 것이 무엇인지 약혼자에게 물어보자.

4. 다음 기상현상 중 여러분이 기대하는 신혼여행에서의 첫날밤을 가장 나타내는 것은 무엇인가?

- ☐ 회오리바람 토네이도: 초점이 맞춰져 있고 빠르게 움직이며 강렬하고 예측할 수 없음.
- ☐ 태풍: 강력하고 질서정연하며 천천히 움직임. 그리고 정신없는 상황 속에서 가장 중심부는 고요함.

- ☐ 눈보라: 체감 온도가 영하 20도에 달하며 반짝거리는 눈이 살짝 덮인 그 위로 진눈깨비가 내리는 것.
- ☐ 폭풍우: 번개와 천둥이 치고 바람이 불며 비와 우박이 내리는 것.
- ☐ 무성 전광소리 없는 번개: 먼 거리에서 번개가 치고 있지만, 여러분이 있는 곳에서는 아무 일도 일어나지 않는 것.
- ☐ 폭우: 열정을 식혀버리는 차갑고 암울한 비.

a. 왜 그렇게 생각하는지 약혼자에게 설명해 보자.

b. 여러분이 가지고 있는 기대가 서로 다르다면 이야기해 보자.

5. 이 장에서는 성관계를 향한 하나님의 계획을 배웠다. 여러분이 배운 것 중 가장 중요하다고 생각되는 것은 무엇인가?

_____
_____
_____
_____
_____
_____

#기도하기

기도를 우선순위로 삼기

그 어떤 영적 훈련도 기도만큼 결혼한 부부를 더욱 친밀하게 해주지는 못할 것이다. 매일 부부로서 하나님께 기도 드리면 여러분에게 셀 수 없이 많은 축복이 임하게 된다. 그중 하나는 매일매일 하나님과의 관계, 그리고 서로와의 정서적 관계가 친밀해짐을 느낄 수 있다는 것이다. 배우자와 함께 또는 배우자를 위해 기도할 때, 서로를 용서하는 마음이 우선적으로 필요하다. 함께 기도하는 것은 정신적, 영적 일체감을 높여줄 뿐만 아니라 육체적인 일체감도 높여준다.

약혼자와 함께 매일 기도하겠다고 약속할 수 있겠는가? 만약 그렇다면 하나님께 드리는 서약서를 쓰고 둘 다 서명을 하기 바란다.

<기도 서약서>

_____

_____

_____

_____

_____

_____ 날짜 _____

_____ 날짜 _____

#재혼자를 위한 특별한 질문

다음 질문에 개인적으로 답한 후 약혼자와 함께 나누어 보자.

1. 이러한 성 생활 문제에서 이전 배우자와 비교되는 부분은 어떻게 할 것인가?

   _____
   _____
   _____
   _____

2. 개인적으로 또는 약혼자와 함께 해결해야 하는 감정적, 육체적, 영적, 또는 정신적 상처가 있다면 적어보자.

   _____
   _____
   _____
   _____

3. 이러한 문제에 있어서 당신의 이전 결혼에 대해 약혼자가 걱정하는 부분이나 궁금한 것이 있는지 물어보자. 당신의 대답을 기록하고 어떻게 이러한 문제를 해결해갈 수 있을지 이야기해 보자.

   _____
   _____
   _____

#약혼자에게 과거를 공개하기 위한 특별한 메시지

결혼을 생각하면서 여러분은 과거에 있었던 성적 경험을 되돌아보며 후회하거나 죄책감을 느낄 수 있다. 그리고 약혼자에게 어디까지 이야기해 주어야 하는지 고민할 수도 있다.

이는 답하기 쉬운 문제가 아니다. 다음과 같은 이유 때문이다.

- 과거 저질렀던 실수나 죄를 공개하게 되면 두 사람 모두 며칠 동안 수치심으로 가득 차고 고통스러운 순간들을 겪을 수 있다.
- 여러분이 기억하고 싶지 않은 사건들을 다시 들춰내야 할 수도 있다.
- 이를 통해 관계가 깨질 수도 있다.

여러분은 약혼자에게 과거를 이야기하지 않고 그냥 묻고 싶어질 수도 있다. 어찌됐든 기독교인으로서 여러분의 죄는 십자가 위에서 다 사함 받았기 때문이다. 그리고 성경도 "그러므로 이제 그리스도 예수 안에 있는 자에게는 결코 정죄함이 없나니" (로마서 8:1) 라고 말하고 있다.

하지만 여러분과 하나님과의 관계 안에서 이러한 사실이 영적으로 참되다고 할지라도 과거 죄의 결과로 인해 여러분은 약혼자와 함께 솔직하게 이러한 문제를 해결해야 할 필요가 있다. 모든 세부 내용을 나눌 필요는 없지만, 여러분의 선택으로 인해 여러분의 인생이 결정되었다는 사실을 피할 수는 없다. 만약 여러분이 배우자와 함께 결혼에 대한 확고한 결정을 내리고자 한다면 서로에게 솔직해지고 과거에 대해 이야기하는 것이 필요하다. 그리고 배우자에게 진실을 숨긴 채 두려움과 거짓, 그리고 수치심 속에서 살아가는 것보다 결혼 전에 진실을 이야기하는 편이 낫다.

과거 경험에 대해 털어놓는 것은 또 다른 장점이 있다. 서로에게 죄를 고백할 때 진정한 치유를 받을 수 있는 것이다. 하나님께서는 우리가 몇 년 동안 시달렸던 과거의 상처를 치유 받을 수 있도록 결혼을 사용하신다. 특히 성적으로 부도덕한 행위를 치유해 주시기 위해 사용하신다. 결혼을 약속한 많은 남자와 여자가 서로에게 상처가 되었던 경험들을 고백하면서 용서와 은혜, 그리고 자유를 얻는다.

이는 이야기하기 쉬운 문제는 아니다. 그리고 여러분이 겪는 문제에 대해 완벽하게 맞는 해결책도 구할 수 없다. 하지만 무엇을 어떻게 해야 하는지 혼란스러워하는 이들이 참고할 수 있는 원리와 관점은 다음과 같다.

여러분이 약혼자에게 털어놓기 힘든 경우

1. 여러분이 약혼자와 함께 나누어야 할 필요성이 있다고 생각하는 것들을 적어보자. 세부적일 필요는 없으며, 여러분이 경험했던 사건, 선택, 또는 상처 등을 간단히 적어보자. 리스트에 적힌 것들은 여러분이 저지른 일 또는 여러분에게 일어난 사건 중 후회하는 것들이 대부분일 것이다.

2. 리스트 작성을 완료했으면 여러분이 적은 것들을 하나님께서 용서해 주실 것을 믿고, 하나님께 죄를 고백하고 회개하는 기도를 드리자. 그러면 요한일서 1장 9절 말씀 "만일 우리가 우리 죄를 자백하면 그는 미쁘시고 의로우사 우리 죄를 사하시며 우리를 모든 불의에서 깨끗하게 하실 것이요"라는 말씀처럼 여러분은 용서를 받을 것이다.

3. 리스트 항목 중 여러분이 약혼자와 함께 이야기해야 하는 것이 무엇인지 골라보고 그 이유를 생각해 보자. 만약 이야기를 해도 되는지 확신이 서지 않으면 약혼자에게 이야기하기 전에 신실한 조언자를 찾아 물어보자. 다른 사람의 동정심과 경청, 그리고 기도로 함께 걱정해 주는 마음은 여러분이 결혼하기 전 그리고 결혼 후에도 여러분을 올바른 길로 안내해줄 것이다.

4. 약혼자에게 이야기할 시간과 장소를 정하자. 서로의 감정을 스스럼없이 드러낼 수 있는 사적인 조용한 장소를 선택하도록 하라.

5. 서로를 만나기 전, 여러분의 약혼자에게 힘과 은총이 임하여서 이를 사랑하는 마음으로 받아들일 수 있기를 기도하자. 하지만 즉각적인 용서를 바라는 마음으로 장소에 가서는 안 된다. 약혼자가 그 이야기를 듣고 이에 대해 생각해보며 감정을 추스를 시간이 필요할 수 있다.

6. 약혼자와 이야기할 때, 여러분이 과거에 했던 일을 약혼자에게 공개하는 것이 왜 중요하다고 생각했는지 설명하도록 하라. 하지만 필요한 것 이상은 공개하지 않는 것이 좋다. 나중에 결혼 생활에서 문제가 될 수 있으므로 너무 많은 세부 내용을 공개하지 않도록 유념하자. 여러분의 약혼자가 이러한 문제를 머릿속으로 상상하게 되는 불상사가 벌어질 수도 있다. 이롭지 않은 궁금증은 되도록 피하자.

7. 약혼자가 새롭게 알게 된 사실을 받아들일 수 있는 시간을 주자. 이러한 과정 속에서 상처나 분노 또는 대화의 단절이 일어날 수도 있다.

8. 둘 중 한 명이라도 이 문제로 인해 생겨난 상처를 극복하지 못할 것 같다면 개인적으로 또는 함께 상담을 받아야 할 것이다. 만약 용서와 화해가 불가능해 보인다면 결혼식을 미루거나 결혼을 파하는 것을 제안한다. 만약 하나님께서 여러분을 부부로 부르셨다면 서로를 향한 마음속에 그분의 온전한 사랑이 반영되어야 한다. 성경이 '온전한 사랑이 두려움을 내쫓나니' (요한일서 4:18)라고 말하고 있는 것처럼 말이다.

약혼자에게 고백을 듣는 입장의 경우

먼저 약혼자가 이야기하고자 하는 것을 경청하고자 노력하라. 그리고 스스로에게 '이 사람이 왜 나에게 이러한 문제를 털어놓을까?'라고 물어보자. 추한 과거의 모습을 넘어서 지금 여러분에게 이러한 과거를 고백하고 있는 그 사람의 상처받은 마음을 살펴보자.

두 번째, 여러분은 하나님의 은혜로 구원받은 죄인임을 기억하자. 우리 인간은 모두 죄인이다. 하지만 서로를 온전히 사랑하지 못하면서 '온전함'을 누릴 가치가 있다고 믿기에 우리는 상대방이 과거에 저지른 실수를 쉽게 비난하게 된다. 하나님께서 우리에게 서로를 용서하라고 하셨음에도 불구하고 말이다.

약혼자의 과거를 알게 된 후 결혼에 대한 마음이 식어질 수 있겠지만, 약혼자가 과거에 저지른 실수를 기꺼이 나누고자 할 때 자존심 때문에 이를 사랑으로 대해주지 못하거나 용서하지 못하는 일은 없도록 하자.

결론
결혼에 대한 확신

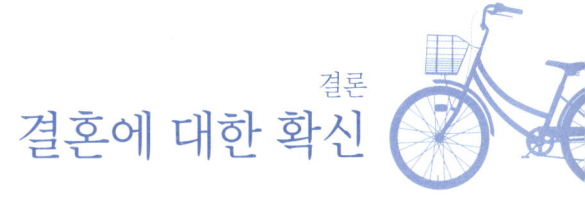

반석 위에 결혼 세우기

이번 활동에서는 성경에서 찾을 수 있는 하나님의 결혼에 대한 계획을 따라가 보도록 하자. 당신이 배우자와 함께 인생을 시작하면서 여러분의 관계를 세우는 데 도움이 될 몇 가지 제안은 다음과 같다.

1. 마태복음 7:24~27에서는 예수님께서 하나님의 말씀을 따르는 지혜로움에 대해 다음과 말씀하신다.

   "그러므로 누구든지 나의 이 말을 듣고 행하는 자는 그 집을 반석 위에 지은 지혜로운 사람 같으리니 비가 내리고 창수가 나고 바람이 불어 그 집에 부딪치되 무너지지 아니하나니 이는 주추를 반석 위에 놓은 까닭이요 나의 이 말을 듣고 행하지 아니하는 자는 그 집을 모래 위에 지은 어리석은 사람 같으리니 비가 내리고 창수가 나고 바람이 불어 그 집에 부딪치매 무너져 그 무너짐이 심하니라"

하나님 말씀의 반석 위에 세워진 삶과 결혼은 인생의 그 어떠한 폭풍우를 만나도 견뎌낼 수 있다. 여러분이 알지 못하는 사이에 여러분은 이 책의 과정을 거치면서 삶과 결혼을 반석 위에 지어왔다. 함께 성경 구절을 공부하고 토론해 보았으며, 함께 기도하고 하나님과 어떻게 동행하기 원하는지에 대해 이야기를 나눠왔기 때문이다. 이를 통해 결혼이 남자, 여자 그리고 하나님 사이의 영적인 관계라는 것을 여러분이 조금이나마 깨달았기를 소망한다. 그리고 앞으로도 약혼자와 함께 말씀을 읽고 기도를 함으로써 이러한 경험을 계속해 나가기를 기도한다.

2. 여러분의 결혼에 있어서 가장 큰 적은 바로 여러분이 천성적으로 지니고 있는 이기심, 즉 여러분의 죄라는 것을 기억하자. 매일 여러분은 여러분의 방식대로 살아가고 싶어지고, 여러분의 욕구와 필요를 채우기 위해 배우자를 조종하고 싶은 유혹에 빠질 것이다. 하지만 기독교적인 삶, 즉 주님께 복종하는 삶은 상대방을 섬기는 삶이며, 자신의 필요를 우선시하는 삶이 아니다. 우리는 매일 우리 자신을 죄에 대하여서는 죽은 자로 여겨야 한다.

3. 미래의 결혼과 가정을 세우는 발판이 될 성경 구절을 고르자. 예를 들어, 한 커플은 잠언 3장 3절 말씀 "인자와 진리가 네게서 떠나지 말게 하고 그것을 네 목에 매며 네 마음판에 새기라"를 선택했다. 이들은 구절에 나오는 단어 '인자'와 '진리'를 각자의 결혼반지에 새겼다. 이 두 단어를 통해 그들은 자신들이 어떠한 가정을 세우기 원했는지 평생 기억하며 따라갈 수 있을 것이다.

4. 신명기 24장 5절은 다음과 같이 말하고 있다.

> "사람이 새로이 아내를 맞이하였으면 그를 군대로 내보내지 말 것이요 아무 직무도 그에게 맡기지 말 것이며 그는 일 년 동안 한가하게 집에 있으면서 그가 맞이한 아내를 즐겁게 할지니라"

여러분이 군 복무 중이 아니라고 하더라도 이 말씀에 따라 결혼 후 첫 해 동안은 관계를 세우기 위해 전심을 다해야 할 것이다. 그 기간에는 결혼 생활 외의 활동은 어느 정도 거절하는 습관을 들이고 서로와 함께 하는 시간을 자주 가져야 한다. 그러면 1년이 지난 후에도 서로에게 집중하면서 평생을 보낼 수 있을 것이다. 이를 통해 여러분의 결혼 생활의 견고한 반석을 세울 수 있다.

5. 이 책에 나오는 많은 원칙은 결혼 관련 부부세미나 『기억에 남을 주말』과 『홈빌더 커플 시리즈(HomeBuilders Couples Series)』의 연구 자료에서 발췌되었다. 부부세미나에 참석할 기회가 생기거나 가정에서 이루어지는 성경 공부에 참여할 기회가 생긴다면 주저 없이 참여하기 바란다.

6. 결혼식 당일, 여러분은 수 세기 동안 내려온 결혼 서약을 따라 읽게 될 것이다.

나 _____ 은/는 _____ 을/를 나의 아내/남편으로 맞아 좋을 때나 나쁠 때나, 기쁠 때나 힘들 때나, 부요할 때나 가난할 때나, 아플 때나 건강할 때나 지금부터 죽음이 갈라놓을 때까지 아끼며 사랑할 것을 맹세합니다.

다른 많은 커플처럼 여러분은 혼인 서약이 진정으로 무엇을 의미하는지 지금은 알 수 없을 것이다. 하지만 앞으로 몇 개월, 몇 년을 살아가면서 여러분은 '좋을 때나 나쁠 때나, 기쁠 때나 힘들 때나, 부유할 때나 가난할 때나, 아플 때나 건강할 때나' 함께한다는 것이 어떤 의미인지 직접 깨닫게 될 것이다. 여러분은 인생을 함께 겪어갈 것이고, 때로는 여러분이 결혼 생활을 유지할 수 있을지 의심이 드는 순간들도 있을 것이다.

결혼 생활의 참된 기쁨은 인생에서 어려움이 닥칠 때마다 함께 이를 겪으면서 해결해 나가는 것이다. 그리고 이러한 문제들은 혼자서 해결할 수 없다. 하나님께서는 우리가 성령을 통해 하나님 말씀대로 살아가고 꿈꿔왔던 결혼을 세울 수 있는 능력을 주시기 위해 결혼을 만드셨다. 바울은 빌립보서 4장 13절에서 "내게 능력 주시는 자 안에서 내가 모든 것을 할 수 있느니라"라고 말하고 있다.

이제 여러분은 결혼준비 지침서를 모두 마쳤다. 여기에 오기까지 여러분은 많은 시간과 공을 들였으며, 이 과정은 하나님께서 여러분과의 관계를 더욱 돈독하게 하기 사용하신 것이라고 믿는다. 하나님께서 여러분이 결혼하기 원하신다면 이 책을 통해 배운 원칙들과 원활한 의사소통 경험을 통해 온전한 하나를 이루는 결혼을 세울 수 있을 것이다.

결혼에 대한 결정을 내리는 과정을 살펴보았던 3부로 돌아가 보자. 만약 커플 활동을 끝내지 않았다면 지금 하길 바란다. 그리고 만약 완료했다면 잠시 여러분이 적은 대답을 살펴보길 바란다. 여러분은 아직도 약혼자와 여러분의 결혼에 대해 그때와 같은 믿음을 지니고 있는가?

여러분의 약혼자를 하나님께서 주신 선물로 받아들일 준비가 되어 있는가? 그렇다면 다음 선언문에 서명하고 날짜를 기입하길 바란다.

나는 전심으로 _____ 을/를
하나님께서 내게 주신 배우자로 받아들일 수 있다.

_____ 날짜 _____

5부
부록

심화 활동

심화 활동 1
인생지도

　여러분이 태어났을 때부터 지금까지의 인생을 그림으로 그려본다면 일종의 지도가 만들어질 것이다. 지도에는 여러분이 어디서 인생을 시작했고, 어디에서 방향을 틀었는지, 그리고 어떠한 강을 건너고 무슨 산을 올랐는지에 대해 묘사되어 있을 것이다. 또한 어디서 길을 벗어났는지, 어떠한 사고를 겪었는지, 또는 어디서 타이어가 펑크 났는지 보여줄 것이다.

　이 활동의 목적은 여러분과 약혼자가 자신을 위한 지도를 그려보도록 도와주는 것이다. 이를 통해 여러분이 스스로를 바라보는 시각과 주변 세상에 대한 태도를 형성시켜준 인생의 주요 사건들에 대한 조감도를 볼 수 있다. 여러분과 약혼자의 삶에 대한 통찰력을 얻게 되면 둘의 관계를 더 깊이 이해하고 감사할 수 있게 될 것이다.

주의할 점

1. 이 활동은 여러분의 인생을 한 눈에 볼 수 있도록 요약하는 것이다. 여러분 인생의 모든 이야기를 담아낼 수는 없다.
2. 여러분의 인생지도는 개별적으로 완성해야 한다. 완성한 후에 약혼자와 나누도록 한다.

○ 주요 사건

　이 활동은 주어지는 질문에 대답해 보면서 인생의 각 단계에서 일어난 주요한 사건들을 구분해 보는 활동이다. 다음을 참고하면 도움이 된다.

- 가장 좋아했던 선생님, 코치님, 주일학교 선생님, 아동복지사 등 여러분 자신과 세계를 보는 관점에 영향을 미친 사람들
- 가족: 휴가, 가족 전통, 비극적 사건, 이사, 비밀 등
- 취미, 관심사, 스포츠, 활동 (스카우트, 피아노, 테니스 등)
- 인간관계: 친한 친구, 형제자매 관계, 이성교제
- 여러분이 내렸던 결정 중 현명했던 결정과 그렇지 못했던 결정
- 영적으로 충만했던 때와 그렇지 못했던 때
- 달성한 목표와 아직 달성하지 못한 목표
- 지금까지 가졌던 직업

1. 출생부터 초등학교 시절까지 기억나는 기억 세 개 이상을 써보자.

　_____

　_____

2. 중·고등학교 시절에 여러분의 삶을 형성하는 데 일조한 사건이나 상황 또는 경험을 다섯 개 이상 써보자.

　_____

　_____

3. 고등학교 이후부터 일어난 중요한 사건, 상황 또는 경험을 적어보자.

○ 표지판으로 주요 사건 표시하기

이제 이러한 사건들을 여러분의 인생지도에 거리를 나타내 주는 표지판으로 세워보자. 이 표지판은 여러분의 현재 위치와 지금까지 얼마나 왔는지, 그리고 목표까지 앞으로 얼마나 남았는지를 알려준다. 지도에 표시하고 싶은 주요 사건을 앞의 활동에서 골라 적절한 위치에 표시해 보자.

다음의 인생지도 예시를 참고해 여러분의 인생지도를 만들어 보자. 기억해야 할 것은 다음과 같다. (7~12개 사이의 거리 표지판을 세워보자)

- 이 활동은 인생 이야기를 모두 담아내는 활동이 아니다. 여러분의 인생에서 일어난 중요한 사건들과 그 사건들이 어떤 영향을 미쳤는지를 간결하고 깔끔하게 요약하여 표현하는 것이다.

- 중심선은 감정적 중립을 의미한다. 중심선 오른쪽으로는 특별히 좋았던 사건, 상황 또는 경험을 표시하면 된다. 그리고 중심선 왼쪽으로는 특별히 힘들었거나 어려웠던 경험을 위치시킨다.

- 우리 모두는 인생의 오르막길과 내리막길을 경험한다. 중심선을 기준으로 양 옆에 위치한 사건들을 가지고 여러분 인생의 가치나 질을 평가할 수 없다. 이는 단순히 여러분 인생에서 중요한 사건을 나타내며, 여러분이 어떻게 그것들을 바라보고 어떠한 영향을 받았는지 보여줄 뿐이다.

인생지도 예시

사건	낮음					중간				높음
	-5	-4	-3	-2	-1	+1	+2	+3	+4	+5
출생				-2						
학교 입학							+2			
즐거운 학교 생활							+2			
새로운 도시로 이사			-3							
초등학교 졸업										
중학교 입학										
학교 가기 싫어함	-5									
가장 친한 친구가 생김							+2			
하나님을 믿기 시작함									+4	
중학교 졸업										
고등학교 입학					-1					
학교 팀에 들어가지 못함		-4								
사고로 가장 친한 친구 잃음	-5									
첫사랑								+3		
방과 후 아르바이트						+1				
대학 합격						+1				
장학금 받음						+1				
고등학교 졸업				-2						
고등학교 졸업 후						+1				
대학교 다니기 시작						+1				
고등학교 이성 친구와 헤어짐	-5									
수업에서 낙제함	-5									
새로운 전공 시작							+2			
졸업							+2			
첫 직장						+1				
첫 데이트						+1				
해고당함		-4								
새로운 직장 얻음							+2			
약혼함									+4	
현재										

인생지도

	낮음								높음	
	-5	-4	-3	-2	-1	+1	+2	+3	+4	+5
출생										
초등학교 졸업										
중학교 입학										
중학교 졸업										
고등학교 입학										
고등학교 졸업										
고등학교 졸업 후										
현재										

심화 활동 2
순결 서약

순결과 동거에 대한 특별한 메시지

세상의 관점으로 보았을 때 결혼 전 순결을 지키는 것은 불편하고 비정상적인 것처럼 여겨질 수 있다. 결혼 전 함께 밤을 보내지 않는 커플을 이상하게 여기기도 한다.

그리고 결혼을 약속한 많은 커플들이 결혼식 전 동거를 하기도 한다. 이것 또한 세상적인 관점으로 두 사람이 진정으로 잘 맞는지 시험 삼아 알아보기 위한 것이라 생각하고, 동거는 결혼을 준비하기 위한 좋은 준비 과정이라고 생각한다.

하지만 여러분은 결혼을 준비하면서 세상적인 계획이 아닌 하나님께서 예비해주신 계획에 따라 준비를 하길 바란다.

○ 순결

오늘날 우리의 문화는 결혼 전에 갖는 성적 관계를 마치 손을 잡는 것처럼 가볍고 문제없는 것으로 묘사한다. 그리고 진지한 관계라면 당연히 성관계를 가질 수 있다고 생각한다. 하지만 성경은 성관계가 남편과 아내의 관계에서만 허락되는 것이라고 명백히 밝히고 있다. 다음 성경 구절을 읽고 하나님의 생각에 대해 알아보자.

"간음하지 말라" (출애굽기 20:14)

"또한 너는 청년의 정욕을 피하고 주를 깨끗한 마음으로 부르는 자들과 함께 의와 믿음과 사랑과 화평을 따르라" (디모데후서 2:22)

"곧 창세 전에 그리스도 안에서 우리를 택하사 우리로 사랑 안에서 그 앞에 거룩하고 흠이 없게 하시려고" (에베소서 1:4)

"너희가 순종하는 자식처럼 전에 알지 못할 때에 따르던 너희 사욕을 본받지 말고 오직 너희를 부르신 거룩한 이처럼 너희도 모든 행실에 거룩한 자가 되라" (베드로전서 1:14~15)

"그러므로 너희가 더욱 힘써 너희 믿음에 덕을, 덕에 지식을, 지식에 절제를, 절제에 인내를, 인내에 경건을, 경건에 형제 우애를, 형제 우애에 사랑을 더하라" (베드로후서 1:5~7)

"음행과 온갖 더러운 것과 탐욕은 너희 중에서 그 이름조차도 부르지 말라 이는 성도에게 마땅한 바니라" (에베소서 5:3)

"모든 사람은 결혼을 귀히 여기고 침소를 더럽히지 않게 하라 음행하는 자들과 간음하는 자들을 하나님이 심판하시리라" (히브리서 13:4)

"… 너희가 선한 데 지혜롭고 악한 데 미련하기를 원하노라"
(로마서 16:19)

"끝으로 형제들아 무엇에든지 참되며 무엇에든지 경건하며 무엇에든지 옳으며 무엇에든지 정결하며 무엇에든지 사랑 받을 만하며 무엇에든지 칭찬 받을 만하며 무슨 덕이 있든지 무슨 기림이 있든지 이것들을 생각하라" (빌립보서 4:8)

결혼 관계는 성적인 것 외에 더 많은 것을 필요로 한다. 정신적, 감정적인 친밀함이 우선되어야 신뢰를 쌓을 수 있고, 헌신할 수 있으며, 배우자와 소통할 수 있다. 결혼은 평생 서로를 사랑하고 아끼며 격려하겠다는 서약이기 때문이다.

하나님께서는 항상 우리에게 최선의 것을 예비해 주신다는 것을 기억하자. 여호와께서는 성적 관계를 통해 우리의 견고한 관계가 더욱더 견고해지기를 원하신다. 마치 건물을 지을 때 콘크리트 내부에 철근을 심어 건물을 더욱 튼튼하게 만드는 것처럼 말이다.

결혼 전까지 순결을 지키게 되면 다음과 같은 이로움이 있다.

- ☐ 하나님을 기쁘게 해드릴 수 있다.
- ☐ 하나님께서 여러분의 관계를 인도하고 계신다는 더 큰 확신을 갖게 된다.
- ☐ 이를 통해 신뢰를 쌓을 수 있으며, 이는 평생 배우자에게 헌신하고 서로 진정한 친밀함을 갖는 데 필요하다.
- ☐ 인내와 자기절제라는 경건한 자질을 갖추게 된다.

- ☐ 여러분 자신보다 상대방을 더 아낀다는 것을 확신하게 된다.
- ☐ 죄책감과 수치감을 느끼지 않아도 된다.
- ☐ 만약 상대방과 헤어지게 되더라도 감정적, 정신적, 그리고 신체적 트라우마를 겪지 않을 수 있다.
- ☐ 감정적, 정신적 유대관계를 더욱 발전시킬 수 있다. 건강한 의사소통 방법을 배울 수 있고, 육체적인 것 이외에 서로에 대해 모르던 부분을 알아갈 수 있다.
- ☐ 원치 않은 임신을 방지할 수 있다.
- ☐ 하나님과 사람에 대하여 항상 양심에 거리낌이 없다.
- ☐ 첫날밤에 대해 기대와 즐거움을 증대시킬 수 있다.
- ☐ 순종하는 것에 대한 축복을 누릴 수 있다.
- ☐ 타락한 세상에서 하나님의 증인이 될 수 있다.
- ☐ 미래의 자녀에게 좋은 본보기가 될 수 있다.
- ☐ 그리스도의 이름을 불명예스럽게 하지 않을 수 있다.

위의 항목 중 가장 여러분의 마음에 드는 항목 다섯 개를 선택하여 체크해 보자. 그리고 약혼자와 함께 어떤 것을 선택했는지, 그 이유는 무엇인지 함께 나눠보자.

○ 순결을 지키는 것

약혼 기간에 순결을 지키는 것은 더욱 어렵다. 이미 서로와 함께 하겠다는 약속을 했기에 자연스럽게 그 관계를 완성하고 싶어지기 때문이다. 때로는 이미 결혼한 부부처럼 느껴질 수도 있다. 하지만 이때야말로 하나님께 순종하며 관계를 발전시키고 서로에 대한 신뢰를 쌓을 수 있는 절호의 기회이다.

또한, 순결이 단순히 성적 관계를 갖지 않는 것을 의미하는 것은 아니란 사실을 알아야 한다. 앞서 인용한 성경 구절을 살펴보자. 성경은 순결을 고결하고 경건한 상태로 정의하고 있다. 이는 어떤 종류의 악이라도 버려야 하며, 행동뿐만 아니라 생각 또한 순결해야 함을 의미한다. 그리고 서로의 순결함을 악으로써 더럽히지 않아야 한다.

결혼하기 전까지 절제하는 것이 전부가 아니다. 순결해져야 한다.

각자 다음 질문에 대답해 보고 약혼자와 나눠보자.

1. 지금까지 여러분의 관계에서 성적으로 넘지 않은 선은 무엇인가?
   _____

2. 이러한 선을 지키기 위해 어떠한 노력이 있었나?
   _____

3. 육체적인 관계와 관련해 여러분이 생각하는 순결함은 무엇인지 한 문장으로 정의해 보자.
   _____

여러분의 육체적 관계에 있어 순결함이란?
_____

4. 여러분이 내린 정의를 참고하여 하나님께서 우리가 결혼 전 지키기를 원하신다고 생각되는 기준을 체크해 보자.

- ☐ 우리는 같은 침대에서 잠들지 않겠다.
- ☐ 우리는 밤 12시 이후에는 함께 있지 않겠다.
- ☐ 우리는 어떠한 경우라도 서로의 옆에 눕지 않겠다.
- ☐ 우리는 서로를 어루만지거나 쓰다듬지 않겠다.
- ☐ 우리는 서로에게 마사지를 해주지 않겠다.
- ☐ 우리는 결혼식 날까지 키스를 하지 않겠다.
- ☐ 우리는 우리가 주님께 고백하기 부끄러운 일을 하지 않겠다.
- ☐ 우리는 서로의 옷으로 덮여있는 부분은 만지지 않겠다.
- ☐ 기타: _____

여러분의 순결에 대한 하나님의 뜻을 알았으니 이제 하나님께 기도를 올릴 시간이다. 이러한 문제에 관해 여러분이 약혼자에게 사과하고 용서를 구해야 하는 부분이 있다면 알려달라고 주님께 간청하자. 그리고 그러한 점이 있다면 지금 약혼자와 함께 주님을 향한 기도로 해결하도록 하자.

요한일서 1장 9절은 '만일 우리가 우리의 죄를 알고 자백하면 그는 미쁘시고 의로우사 우리 죄를 사하시며 우리를 모든 불의에서 깨끗하게 하실 것이요'라고 말하고 있다. 여러분도 지금 과거를 잊고 새 출발을 할 수 있다.

여러분의 약혼자와 의논한 뒤 여러분의 멘토 커플에게도 이를 고백하자. 그리고 여러분을 위해 기도해 달라고 부탁하고, 여러분이 성적 관계에 대해 기준을 세우고 잘 지킬 수 있도록 도와달라고 얘기하라.

○ 동거

지난 40년 동안 우리 사회에는 큰 변화가 일어났다. 점점 더 많은 커플들이 결혼 전 동거를 선택하고 있는 것이다. 미국의 한 통계에 따르면 이성과 동거하는 사람의 숫자가 1960년에는 87만 8,000명이었으나 2005년에는 거의 1,000만 명에 이르는 것으로 조사되었다. 이러한 커플들은 동거가 미래의 결혼 생활을 잘 해나갈 수 있을지 알아보는 것이라고 생각한다. 어느 한 여성은 "같이 살아보지도 않은 사람에게 나의 평생을 맡긴다는 것은 상상도 할 수 없는 일이에요. 화장실도 함께 써보지 않았는데 어떻게 결혼을 할 수 있죠?"라고 말하기도 했다.

동거가 급증하는 이유로는 몇 가지가 있다. 성관계에 대한 개방적인 관점, 결혼을 미루는 젊은 세대, 하나님의 성경적인 계획에 대한 불순종, 단순한 하나의 제도로 평가 절하된 결혼, 그리고 부모 세대의 이혼을 본받고 싶지 않은 두려움 등이 있다. 많은 커플이 평생을 약속하기 전에 동거를 통해서 과연 이 관계가 영원히 지속될 것인지 알아보는 것이 마땅하다고 생각한다. 또한 수많은 영화와 드라마에서도 결혼 전의 동거가 마치 일반적인 것처럼 다뤄지고 있다. 이 때문에 다음 세대로 갈수록 동거하는 커플의 숫자는 계속해서 증가할 것으로 예상된다.

만약 여러분이 약혼자와 함께 동거하고 있다면, 이 책을 통해 하나님께 여러분의 삶과 미래를 내어드리고 최선의 방법으로 결혼을 준비하기 위해 차근차근 앞으로 나아가길 바란다. 그리고 이제부터는 따로 떨어져 살 것과 성적 친밀함을 절제할 것을 약속하라. 그리고 하나님께서 여러분을 부부로 부르신 것인지 아닌지에 대해 확실한 결정을 내리도록 하자.

다음 중요한 질문에 답해보도록 하자. 동거하며 사는 것이 정말로 결혼 생활을 체험해볼 좋은 기회일까?

여기서 살펴보아야 것들이 있다. 우선 많은 커플이 동거를 통해 모의 결혼 생활을 체험할 수 있다고 생각한다. 하지만 많은 연구자와 상담가들은 실제 결혼과 동거는 다른 것이라고 지적한다. 부부 상담 전문가인 윌라드 할리는 이렇게 저술하고 있다.

> 왜 동거하는 커플들이 결혼을 하지 않는다고 생각하는가? 자신에게 그 질문을 해보기 바란다. 왜 그와 결혼하지 않고 함께 살기로 한 것인가?
> 바로 그에게 평생을 바칠 준비가 되어있지 않았기 때문이다. 우선 여러분은 그와 함께 식사를 준비하고, 집안 청소를 하며, 함께 잠을 자더라도 계속해서 그를 사랑할 수 있을지 알고 싶었을 것이다. 결국 여러분은 서로에게 헌신하지 않는 결혼 생활이 어떤지 알고 싶었던 것이다.
> 하지만 여러분이 간과하고 있는 점이 바로 이것이다. 실제로 결혼해보지 않고서 결혼 생활이 어떤 것인지 아는 것은 불가능하다. 결혼은 여러분의 관계를 풍성하게 만들 뿐만 아니라 여러분의 모든 것을 변화시킨다. 동거는 단순히 서로 잘 맞는지 알아보는 것이다. 동거 관계에 있는 어느 한 사람이 실수하게 되면 즉시 이 생활은 끝나고 각자의 길을 가게 된다. 하지만 결혼은 이런 것이 아니다. 실수는 서로를 향한 사랑을 위태롭게 할 뿐이지, 결혼 생활을 종결시키지는 않는다.
> 결혼의 서약이란 정확하게 무엇일까? 이는 인생의 상승곡선과 하락곡선에 연연하지 않고 서로를 평생 돌보겠다고 약속하는 것이다. 좋을 때나 좋지 않을 때나 끝까지 함께하는 것이다. 하지만 단순히 함께 사는 것은 전혀 다른 문제이다. 이는 그저 월세 계약과 다름없다.

다시 말해, 여러분이 결혼하지 않는 이상 결혼 생활이 실제로 어떠한 헌신을 요구하는지에 대해 알 수 없기 때문에, 동거는 결혼의 모의평가로 삼을 수 없다. 그렇기에 결혼은 다른 어떠한 인간관계와도 구별되는 것이다. 결혼은 모든 것을 변화시킨다.

동거의 또 다른 문제는 연구자들이 '관성적 관계'라고 부르는 것이다. 함께 사는 것에 익숙해진 커플은 단순히 결혼해야 할 것 같다는 이유로 결혼한다. 계속되는 부모의 압박에 지쳤을 수도 있고, 자신들의 삶에서 너무나도 많은 부분을 그 관계에 바쳤기에 서로에게 빚진 기분을 느꼈기 때문일 수도 있다. 덴버대학교에서 결혼가정학을 가르치고 있는 스캇 스탠리 박사는 "동거를 하는 사람들은 만일 동거를 하지 않았으면 결혼하지도 않았을 사람과 결국 백년가약을 맺게 될 수도 있다."라고 말한다. 그리고 이들은 "결정을 내린 것이 아니라 어쩌다 보니 그렇게 된 것일 뿐이다."라고 덧붙였다.

믿음 테스트

결혼 전 성관계를 갖거나 동거를 하는 것은 여러분의 믿음을 그대로 보여주는 것이다. 평생 지속할 수 있는 관계를 세우기 위해 성경이 제시하는 대로 따라갈 용의가 있는가? 결혼을 위한 그분의 계획하심을 믿을 것인가? 그분을 따를 것인가? 그리고 하나님께서 여러분과 여러분의 미래를 위한 제일 좋은 방법을 알고 계시다는 사실을 믿는가?

만약 여러분과 약혼자가 이러한 문제와 하나님을 향한 믿음을 연관 짓지 않으려 한다면, 여러분은 과연 결혼할 준비가 된 것일까?

순결 서약

1. 다음 이어지는 순결 서약을 앞에 두고 천천히 읽어보아라.

2. 성경 구절과 서약 내용을 다 읽었으면 p.262에 있는 '순결 서약서'에 서명하고 날짜를 적어라.

3. '순결 서약'에 서명하는 과정에 혹시 멘토 커플이나 사역자, 상담 전문가가 함께하지 못했다면, 다음 만남에서 서명해 달라고 부탁하라. 그리고 이들이 서약에 서명하기 전, 여러분이 현재 순결 서약을 지키고 있는지 물어본다면 이에 답하라.

○ 성경적 기준 1

> "하나님의 뜻은 이것이니 너희의 거룩함이라 곧 음란을 버리고 각각 거룩함과 존귀함으로 자기의 아내 대할 줄을 알고 하나님을 모르는 이방인과 같이 색욕을 따르지 말고 이 일에 분수를 넘어서 형제를 해하지 말라 이는 우리가 너희에게 미리 말하고 증언한 것과 같이 이 모든 일에 주께서 신원하여 주심이라 하나님이 우리를 부르심은 부정하게 하심이 아니요 거룩하게 하심이니 그러므로 저버리는 자는 사람을 저버림이 아니요 너희에게 그의 성령을 주신 하나님을 저버림이니라" (데살로니가전서 4:3~8)

나는 하나님의 명령에 따라 지금 이 순간부터 우리가 결혼할 때까지 당신의 순결을 지킬 것을 약속한다.

○ 성경적 기준 2

> "음행을 피하라 사람이 범하는 죄마다 몸 밖에 있거니와 음행하는 자는 자기 몸에 죄를 범하느니라 너희 몸은 너희가 하나님께로부터 받은 바 너희 가운데 계신 성령의 전인 줄을 알지 못하느냐 너희는 너희 자신의 것이 아니라 값으로 산 것이 되었으니 그런즉 너희 몸으로 하나님께 영광을 돌리라" (고린도전서 6:18~20)

나는 당신을 존경하고 존중하기에 당신을 범하지 않을 것이며, 당신 마음에 속사람이 세워질 수 있도록 노력할 것이다.

○ 성경적 기준 3

> "이것으로 말미암아 나도 하나님과 사람에 대하여 항상 양심에 거리낌이 없기를 힘쓰나이다" (사도행전 24:16)

나는 사랑을 표현하는 데 있어서 하나님과 사람들 앞에 양심에 거리낌이 없을 것을 약속한다.

<순결 서약서>

나와 당신이 하나님과 사람에 대해 항상 양심에 거리낌이 없는 방법으로 나의 사랑을 표현할 것임을 약속한다.

_____ 날짜 _____
_____ 날짜 _____

증인

_____ 날짜 _____

심화 활동 3
역할 설명서

> 두 사람이 남편과 아내로서 한마음으로 가정을 일궈나가고 대적하는 이들을 물리치며 친구들에게는 기쁨을 주는 일보다 더 고귀하고 훌륭한 것은 없다.
>
> -호머-

결혼 안에서의 역할 문제는 계속해서 변화하고 있다. 따라서 결혼에서의 역할 책임에 대해 어떻게 생각하는지, 그리고 왜 그렇게 믿는지에 대해 제대로 숙지하고 소신이 있어야 한다. 그리고 이를 통해 여러분과 당신과 약혼자는 세상에게 강력한 메시지를 선포할 수 있다.

이번 활동은 여러분이 중요한 문제에 대해 어떻게 생각하고 있는지 그 생각을 형성하고 정리할 수 있도록 도와줄 것이다. 이렇게 자신의 믿음에 대해 명료하고 간결하게 정리를 하게 되면 하나님의 계획에 따라 결혼을 세우는 데 필요한 안식처와 격려를 얻을 수 있을 것이다.

여러분은 앞으로 이러한 문제에 대해 고심해야 할 일이 많을 것이다. 따라서 결혼 후 아내와 남편이 수행해야 하는 역할에 대해 경험해 보고 나서 다시 이 활동을 복습해 보는 것도 좋다.

활동 과정 Tip

1. 개인적으로 다음 두 주제에 대한 역할 진술서를 준비하라.

- 결혼 생활에서 남편과 아내의 역할은 어떤 것이 있다고 생각하는가? 왜 그렇게 생각하는지 뒷받침할 수 있는 성경적 근거를 제시하라.

- 여러분의 결혼 생활에서 위의 역할을 어떻게 실천할 것인지 구체적이고, 실제적으로 말해보자.

2. '남편과 아내의 역할'을 공부하면서 여러분이 필기한 것을 참고하여 결혼 안에서 자신의 위치를 정해보자. 그리고 왜 그렇게 정했는지 성경적 이유를 말해보자.

3. '남편과 아내의 역할'의 내용을 간결한 문단으로 요약해 보자. 각자의 요약본은 반 장을 넘지 않도록 한다.

4. 각자의 역할 강령을 완성했으면 약혼자와 함께 비교해 보자. 그리고 결혼 안에서의 역할에 대해 어떻게 생각하는지 함께 동의할 수 있는 타결점을 찾아 다음의 '결혼 안에서 남편과 아내의 책임 역할'이라는 강령을 작성하라.

<결혼 안에서 남편과 아내의 책임 역할>

우리는 다음과 같이 믿는다.
_____
_____
_____

우리의 믿음을 결혼 생활에서 실천할 수 있는 방법은 다음과 같다. 이 믿음을 가지고 어떻게 결혼 생활을 해나갈 것인가?
_____
_____
_____

_____ 날짜 _____
_____ 날짜 _____

증인
_____ 날짜 _____

심화 활동 4
예산 책정하기

결혼 생활을 시작하면서 재정을 관리할 수 있으려면 결혼식 전 미리 예산을 정해 놓아야 한다.

다음 질문에 스스로 답하면서 다음 장의 빈칸을 채워보자.

- 장기적인 필요를 채울 수 있을 만큼 충분히 저축하고 있는가?

- 이 정도 예산이면 빚을 지지 않고 살아갈 수 있겠는가?

- 이 예산을 유지하기 위해 어떠한 대안이 있는가?

- 만약 아내가 임신해 재정적 필요가 늘어났을 때, 남편의 수입으로 살아갈 수 있겠는가?

가계 예산

날짜 : 　　　　　　　　　　월별 수입:

예산 항목	월별 지출	기타 지출	합계
주거			
담보 대출/집세			
보험			
재산세			
전기			
가스			
수도			
위생			
청소			
전화			
수리/유지 보수			
소모품			
합계			

예산 항목	월별 지출	기타 지출	합계
식비			
의류			
교통			
보험			
주유비			
수리/유지보수			
주차 및 통행료			
합계			

예산 항목	월별 지출	기타 지출	합계
문화/오락			
외식			
영화, 공연 등			
베이비 시터			
잡지/신문			
휴가			
동호회/활동			
합계			

예산 항목	월별 지출	기타 지출	합계
의료비			
진료비			
치과			
보험			
의약품			
합계			

예산 항목	월별 지출	기타 지출	합계
기타 보험			
생명 보험			
산재 보험			
실비 보험			
합계			

예산 항목	월별 지출	기타 지출	합계
자녀 양육			
수업료			
학교 급식			
용돈			
학원/활동			
합계			

예산 항목	월별 지출	기타 지출	합계
선물			
크리스마스, 명절			
생일			
기념일			
부모님 용돈			
합계			

예산 항목	월별 지출	기타 지출	합계
기타 잡비			
화장품			
남편 잡비			
아내 잡비			
청소, 빨래			
반려동물 관리			
미용실			
합계			
전체 합계			

심화 활동 5
부모의 지혜를 전수받기

"내 아들아 네 아비의 명령을 지키며 네 어미의 법을 떠나지 말고"
(잠언 6:20)

"네 부모를 공경하라 그리하면 네 하나님 여호와가 네게 준 땅에서 네 생명이 길리라" (출애굽기 20:12)

이번 활동은 다음 두 가지를 위해 진행될 것이다.

첫 번째, 여러분이 부모님께 조언을 구하면서 부모님을 더욱 존경할 수 있게 될 것이다. 부모님께 질문하는 과정을 통해 여러분은 여러분을 가장 잘 아는(또는 가장 오래 알아온) 부모님의 지혜와 통찰력을 배우게 될 것이다. 여러분은 이제 성인이기에 스스로 인생의 결정을 내리고 이에 대한 책임을 져야 한다는 것을 명심하라. 여러분은 결혼을 할지 말지에 대해 부모님에게 여쭤보는 것이 아니다. 그분들의 조언과 지혜를 듣고 통찰력을 배우고자 하는 것이다.

두 번째, 여러분이 이 과정을 통해 자녀를 어떻게 사랑해야 하는지에 대해 배우게 되고, 또한 여러분은 양가 부모님에 대해 공경하는 마음을 갖게 될 수 있다. 그들을 존경하는 마음을 가지고 결혼 생활을 시작한다면, 여러분은 양가 부모님과의 돈독한 관계를 맺을 수 있다.

이번 활동은 결혼을 약속한 커플들을 위한 활동이다. 만약 아직 결혼을 고민하고 있다면, 이후에 이러한 질문들이 적합하다고 생각될 때 활동을 완료하길 바란다.

진행 방법

이번 활동의 진행 방법으로는 다음과 같은 세 가지가 있다. 여러분 상황에 가장 잘 맞는 한 가지 방법을 선택하라.

방법 1: 당신의 부모님 또는 약혼자의 부모님께 설문지를 보내 드리고 반송 우표를 함께 보내 드리자. 이 활동을 설명하는 편지도 동봉하도록 하자. 그리고 받으신 후 1~2주 내로 답변을 보내달라고 부탁하자.

방법 2: 당신의 부모님 또는 약혼자의 부모님께 전화 통화로 설문을 할 수 있는 시간을 마련해 두자. 그리고 부모님들께서 충분히 생각하실 수 있는 시간을 드리도록 하자. 미리 설문지를 보내드려서 통화 전에 부모님께서 충분히 고민해 보고 의논하실 수 있도록 하는 것도 좋다.

방법 3: 부모님께서 설문지에 답하실 수 있도록 함께 식사하거나 디저트 또는 커피를 마실 수 있는 시간을 마련하자. 그리고 이전에 질문을 미리 알려드려서 질문의 답에 대해 생각해 보실 수 있도록 하자. 당신이 부모님께 질문을 먼저 드리고 약혼자가 당신의 부모님께 질문하도록 하라.

특별 추가 설명

1. 만약 당신의 부모님이나 약혼자의 부모님이 이혼하셨다면 당신의 약혼자와 함께 어떻게 진행해야 할지 상의해 보도록 하자. 당신과 더 가까운 관계의 양부모님에게 질문을 부탁할 수도 있고, 또는 친부모님에게만 부탁할 수도 있다. 더 많은 부모님이 이 활동에 참여하게 될수록 좋다. 하지만 지금 당신에게 있어 가장 적절하고 최선인 방법을 선택하도록 하자.

2. 부모님이 대답하기에 불편하실 것 같은 질문이 있다면 질문지에서 지워버리거나 다른 질문으로 바꾸자.

3. 오늘날 결혼하는 많은 사람은 각자 다른 환경에서 자라왔다. 알코올 중독이나 학대, 유기, 소외 등의 결과는 젊은 사람들이 결혼을 한 후에도 영향을 미친다. 만약 이에 해당하는 경우라면 이 활동을 하지 않는 것이 좋을 것이다.

부모님과 어떠한 관계를 유지하고 있든지 하나님께서는 여러분이 그분들을 공경해야 한다고 말씀하고 계신다. 이에 대한 올바른 관점과 희망을 줄 수 있는 책으로 데니스 레이니의 『부모님께 드릴 수 있는 최고의 선물 (The Best Gift You Can Give Your Parents)』가 있다. 이 책은 어려운 가정환경에서 자란 이들에게 도움이 되는 조언과 실용적인 예시를 담고 있다.

부모님께 지혜를 전수받기 위한 선물

마치 여러분의 자녀가 직접 질문을 하고 있다고 생각하면서 다음 질문에 답해 주시길 바랍니다. 만약 대답할 수 없는 질문이 있다면 다음 문제로 넘어가도 좋습니다.

1. 저의 결혼 생활에서 도움이 될 수 있는 저의 장점은 무엇인가요?
   _____
   _____

2. 저의 결혼 생활에서 문제가 생길 수 있는 해결하고 극복해야 할 단점은 무엇이라고 생각하시나요?
   _____
   _____

3. 부모님께서 잘하셨던 것 또는 실수하셨던 것을 토대로 저에게 결혼에 관한 조언을 한 가지 하신다면 어떤 것입니까? 그 이유는요?
   _____
   _____

4. 제가 결혼이라는 새로운 모험을 시작하게 되었는데, 다음과 같은 부분에 있어서 저에게 주실 수 있는 최선의 조언은 어떤 것이 있습니까?

재정:
_____
_____

의사소통:
_____
_____

부부관계:
_____
_____

남편 또는 아내의 역할:
_____
_____

헌신:
_____
_____

유머:

_____
_____

부모가 되는 것:

_____
_____

영적인 성장:

_____
_____

삶의 우선순위:

_____
_____

직장:

_____
_____

5. 만약 부모님께서 결혼 생활에서 함께한 기억 중 단 하나의 기억만 간직할 수 있다면 어떤 것을 기억하시겠습니까? 그 이유는요?

_____
_____

6. 저희의 결혼식 준비 과정 중에서 특별히 추가했으면 하는 것이 있으세요?

_____

_____

7. 제가 결혼을 하고 새로운 가정을 세우면서 저와 부모님의 관계가 어떻게 변할 것이라고 생각하세요?

_____

_____

8. 결혼 후 휴일은 어떻게 보내야 할까요?

_____

_____

9. 하나님께서 저희에게 자녀를 주시면 부모님께서는 자녀 양육에 어느 정도 관여하시기를 원하십니까?

_____

_____

10. 저희가 사전에 연락도 없이 찾아뵈어도 괜찮으세요? 아니면 가기 전에 전화를 드리길 원하십니까?

_____

_____

11. 저희가 어떤 교회를 다녀야 하는지에 대해 구체적으로 원하시는 부분이 있으신가요?

_____
_____

다음 질문은 여러분의 사위 또는 며느리가 질문한다고 생각하고 답해 보세요.

1. 저의 어떠한 면이 사위 또는 며느리로 적합하다고 생각하시나요?

_____
_____

2. 제가 그 사람의 평생 동반자가 될 수 있도록 그 사람에 관한 개인적이고 특별한 조언을 해주신다면 어떤 것이 있으세요?

_____
_____

3. 저희가 결혼을 하게 되면 그 후에 제가 어떻게 불러 드리기를 원하세요?

_____
_____

심화 활동 6
커플 인터뷰

약혼을 준비하는 데 있어 여러분보다 먼저 결혼을 경험한 분들에게 이야기를 듣는 것은 가장 보람 있고 유익한 일이다. 그래서 이번 활동을 통해 경험해 보고자 한다. 이를 통해 앞으로 5년, 10년, 그리고 20년 동안 향기롭고 생동감 넘치는 결혼 생활을 영위하기 위해 지금 어떠한 씨앗을 심어야 하는지 알게 될 것이다.

진행 방법

1. 멘토 커플이나 결혼한 지 5년 이상이고, 여러분이 존경하는 다른 기혼 커플과 함께 이번 인터뷰를 진행하자. 멘토 커플이 아닌 다른 커플을 선택했을 경우 여러분의 결혼 전 상담의 일부인 이번 인터뷰를 위해 시간을 내줄 수 있냐고 물어보라. 그리고 인터뷰는 결혼과 가정생활에 관한 7가지 질문으로 이루어져 있다고 설명하라. 질문은 복잡하지 않고 단순하기 때문에 준비 시간이 필요하지 않을 것이다.

2. 함께 식사하거나 디저트, 또는 커피를 마시면서 인터뷰를 진행하라.

서로 돌아가면서 질문을 하는 것도 좋다. 만약 물어보고 싶은 다른 질문이 있다면 미리 허락을 구하도록 하라.

3. 앞서 배웠던 의사소통 능력을 이용해 보도록 하라.
   - 내용을 명료하게 정리할 수 있는 질문과 전체 내용을 요약할 수 있는 질문을 하라.
   - 단어와 말투, 비언어적인 신호 등을 살펴봄으로써 총체적으로 메시지를 들을 수 있도록 하라.

4. 필기하라. 이번 활동을 통해 얻게 되는 통찰력은 매우 귀중한 자산이 될 것이다.

인터뷰 질문

O 과거 되돌아보기

1. 두 분이 어떻게 만났고 결혼을 약속하게 되었는지 말해 주세요.
- 그때 생활은 어떠셨나요?
_____

- 어떤 점 때문에 서로가 끌리셨나요?
_____

- 어떻게 프러포즈를 하셨나요?
_____

- 그런 과정에서 느꼈던 감정들은 어떤 것이 있었나요?
　_____

2. 결혼 후 첫 1년 동안 가장 좋았던 기억은 어떤 것이 있으신가요?
　_____
　_____

3. 결혼 후 몇 년 동안 어떤 부분에서 가장 많이 갈등을 겪으셨나요?
　그리고 어떻게 해결하셨나요?
　_____
　_____

4. 하나님과의 관계가 서로와의 관계에 어떠한 영향을 미치고 있나요?
　_____
　_____

○ **현재 바라보기**

5. 배우자의 어떠한 모습이 서로를 이해하고 사랑하는 데 있어 가장
　도움이 되었나요?
　_____
　_____

6. 최근 가장 많이 갈등을 겪는 문제로는 어떤 것이 있나요?
　_____

- 이러한 문제를 해결하는 데 있어 가장 도움이 되었던 영적 신념은 어떤 것인가요?

　_____
　_____

7. 가정을 우선순위로 둔 상태에서 개인적인 일정과 직장, 그리고 다른 활동은 어떻게 하셨나요?

　_____
　_____

8. 결혼과 가정에서 하나님과의 관계를 우선순위로 둘 수 있는 실제적인 방법으로는 어떤 것이 있나요?

　_____
　_____

○ 미래 내다보기

9. 지금으로부터 20년 뒤 우리의 결혼 생활을 가장 크게 바꿀 수 있는 조언을 해주신다면 어떤 것이 있습니까?

　_____
　_____

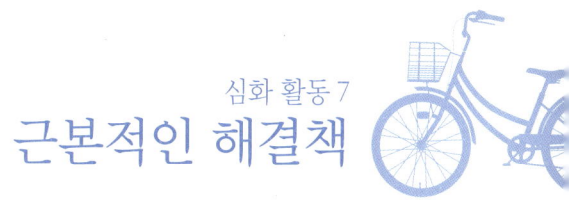

심화 활동 7
근본적인 해결책

모든 결혼 관계에서는 문제가 생기기 마련이다. 소통의 문제, 재정 문제, 또는 성적 친밀감의 문제 등의 문제가 생길 수 있다. 그리고 이러한 어려움을 극복하기 위해 노력함으로써 더욱 견고하고 사랑이 넘치는 관계를 만들어갈 수 있다.

그리고 이러한 갈등의 핵심에 있는 근본적인 문제가 있다. 그리고 이 문제는 우리가 해결해줄 수 있는 문제가 아니다. 여러분이 아무리 노력하더라도 자신의 힘으로는 해결할 수 없다.

그 문제는 바로 하나님과의 관계가 소원해지는 것이다. 결혼 생활을 계획대로 잘 이루어가려면 우리를 창조하시고 우리가 즐거움 안에서 목적이 이끄는 삶을 살 수 있도록 허락해 주신 하나님과의 관계가 필수적이다.

부족함

우리가 하나님과 멀어지게 되는 이유가 하나 더 있다. 바로 '죄'이다. 오늘날 많은 이들이 죄에 대해서 제대로 알지 못한다. 그저 죄라는 단어가

십계명처럼 다른 이들이 잘못됐다고 여기는 나쁜 습관이나 행동을 의미한다고 생각한다. 만약 이들이 자신의 행동이 다른 이들에게 상처가 되었다는 것을 깨닫게 되면, 앞으로 더 좋은 사람이 되고자 노력하겠다고 다짐할 것이다.

하지만 자신에게 솔직해진다면 우리는 죄의 문제가 단순히 나쁜 습관들을 의미하지 않는다는 것을 알고 있다. 그리고 우리의 욕구가 충족되기를 원하고, 원하는 대로 삶을 살아가길 바라는 자기중심적인 마음이 자리 잡고 있다는 것도 알고 있다. 우리가 가장 고민하는 문제를 보면, 원하는 것을 어떻게 얻을 수 있느냐의 문제이기 때문이다.

근본적인 문제는 우리가 모두 하나님께 순종하지 않는다는 것이다. 우리는 그분을 무시하고 우리가 생각하기에 이치에 맞는 방법으로 우리의 삶을 살아간다. 성경은 우리를 창조하신 하나님께서 우리의 삶 안에서 그분의 계획을 따르기를 원하신다고 말하고 있다. 하지만 우리의 죄로 인해 우리는 하나님의 계획보다 나의 생각이나 계획이 더 뛰어나다고 믿게 되었다.

> "모든 사람이 죄를 범하였으매 하나님의 영광에 이르지 못하더니"
> (로마서 3:23)

'하나님의 영광에 이르지 못하더니'라는 말씀의 의미는 무엇일까? 이 뜻은 그 누구도 마땅히 그래야 하는 것과는 달리, 하나님을 의지하거나 소중하게 생각하지 않았다는 뜻이다. 우리는 우리가 가진 것으로 스스로를 만족시켜왔고, 그러한 소유물을 하나님보다도 더 소중하게 여겨왔다. 우리는 우리 방식대로 살아가는 것을 택한 것이다. 성경에 따르면 우리는 우리의 죄에 따른 벌을 받아야 한다. 내가 선택하는 방식대로 살아가면서 하나님께서도 이에 반대하지 않으시길 바라는 마음을 지녀서는 안 된다. 우리의 방식대로 살아가는 것은 결국 자멸에 이르는 길일뿐이다.

"어떤 길은 사람이 보기에 바르나 필경은 사망의 길이니라"
(잠언 14:12)

"죄의 삯은 사망이요… " (로마서 6:23)

죄의 대가로 우리는 영원히 하나님의 사랑으로부터 단절되었다. 따라서 거룩하신 하나님과는 달리 우리는 죄인이 되었다. 그렇기 때문에 죄의 대가를 피하고자 더 나은 삶 또는 성경을 따르는 삶을 살아가려는 계획을 세우려고 해도 하지 못하는 것이다.

죄에 대한 하나님의 해결책

다행히도 하나님께서는 이러한 딜레마를 해결하기 위한 대책을 마련해 두셨다. 바로 '예수 그리스도'라는 사람의 몸으로 우리에게 오신 것이다. 예수님께서는 신실한 삶을 사셨고, 하나님의 계획에 절대적으로 복종하셨다. 그리고 우리의 죄를 대속하기 위해 십자가에서 돌아가시기까지 하였다. 또한, 부활을 통해 그 어떤 죄나 죽음보다도 그분께서 더 강하시다는 것을 보여 주셨다. 주님만이 우리의 죄를 사하여 주실 수 있는 유일한 분이다.

"예수께서 이르시되 내가 곧 길이요 진리요 생명이니 나로 말미암지 않고는 아버지께로 올 자가 없느니라" (요한복음 14:6)

"우리가 아직 죄인 되었을 때에 그리스도께서 우리를 위하여 죽으심으로 하나님께서 우리에 대한 자기의 사랑을 확증하셨느니라" (로마서 5:8)

"… 그리스도께서 우리 죄를 위하여 죽으시고 장사 지낸 바 되셨다가 성경대로 사흘 만에 다시 살아나사 게바에게 보이시고 후에 열두 제자에게와 그 후에 오백여 형제에게 일시에 보이셨나니… " (고린도전서 15:3~6)

"죄의 삯은 사망이요 하나님의 은사는 그리스도 예수 우리 주 안에 있는 영생이니라" (로마서 6:23)

예수님의 죽음과 부활을 통해 우리의 죄는 용서 받았다. 주님께서는 우리와 하나님의 관계를 더욱 가깝게 해주셨다. 그리고 우리 모두를 하나님께로 불러 주셨으며, 우리의 힘으로 인생을 살아가고자 했던 얄팍한 계획을 버릴 수 있도록 인도해 주셨다.

하나님의 해결책 받아들이기

만약 여러분이 하나님과의 관계가 단절되었다는 것을 고백한다면, 하나님께서도 여러분이 죄를 고백하고 하나님께로 나아오길 원하신다. 우리 모두는 하나님의 계획보다 자신의 생각과 계획을 더 고집해왔고, 그 결과 우리의 삶은 엉망이 되었다. 그리고 하나님의 사랑과 관심으로부터 멀어지게 되었다. 하지만 만약 우리가 하나님의 계획에 어긋나게 살아왔고 그로 인해 우리의 삶을 엉망으로 만들었다는 것을 하나님께 고백하면, 우리를 용서해 주시고 우리의 죄를 사하여 주신다고 약속하셨다.

"영접하는 자 곧 그 이름을 믿는 자들에게는 하나님의 자녀가 되는 권세를 주셨으니" (요한복음 1:12)

"너희는 그 은혜에 의하여 믿음으로 말미암아 구원을 받았으니 이것은 너희에게서 난 것이 아니요 하나님의 선물이라 행위에서 난 것이 아니니 이는 누구든지 자랑하지 못하게 함이라"
(에베소서 2:8~9)

주님을 받아들이는 내용의 성경 구절을 보면 우리는 스스로 죄의 문제를 해결할 수 없는 죄인임을 알 수 있다. 그리고 우리가 우리의 죄를 외면하고 있다는 것도 알 수 있다. 주님을 받아들인다는 것은 예수님께서 우리의 죄를 사하여 주실 것이며, 우리를 그분의 뜻을 따라 살아가는 사람으로 만들어 주실 것을 믿는 것이다. 그저 단순히 예수님이 하나님의 아들이라는 사실을 아는 것만으로는 충분하지 않다. 우리는 주님을 믿고 우리의 삶에 대한 그분의 계획을 의지하며, 믿음으로써 이에 따라 행동해야 할 것이다.

하나님과의 관계가 올바르고, 여러분 삶의 중심에 그분과 그분의 계획이 있는가? 아니면 여러분이 원하는 대로 삶을 살아가면서 제어가 불가능해졌는가?

그렇다면 여러분은 오늘 변화할 수 있다. 그리스도에게 의지하고 그분께 여러분의 인생을 맡겨드리자. 여러분이 해야 할 일은 그저 그분께 여러분의 마음을 어지럽게 하는 것이 무엇인지 말씀드리는 것뿐이다. 만약 한 번도 해본 적이 없다면 다음 단계를 따라 해보자.

- 여러분 인생에 하나님이 필요하다는 것에 동의하는가? 하나님께 고백하자.
- 여러분이 원하는 대로 인생을 살다가 삶을 엉망으로 만들어 본 적이 있는가? 하나님께 고백하자.
- 하나님께서 여러분을 용서해 주시기 원하는가? 하나님께 고백하자.
- 예수 그리스도께서 십자가에 달려 돌아가신 것과 그분의 부활을 통해 여러분이 죄 사함을 받았고 영생을 얻었다는 것을 믿는가? 하나님께 고백하자.
- 여러분이 스스로 세운 계획보다 하나님께서 여러분을 위해 세워주신 계획이 더 낫다는 것을 인정할 준비가 되어 있는가? 하나님께 고백하자.

"너희는 여호와를 만날 만한 때에 찾으라 가까이 계실 때에 그를 부르라" (이사야 55:6)

다음과 같이 기도해 보자.

주님, 저는 주님이 필요합니다. 십자가에서 돌아가심으로 저의 죄를 사하여 주셔서 감사드립니다. 주님을 저의 구세주로 영접하겠습니다. 저의 죄를 용서하여 주시고 영생을 허락해 주셔서 감사드립니다. 주님께서 원하시는 대로 제가 살아갈 수 있게 인도해 주세요.

기독교적인 삶 살아가기

그리스도를 따르는 사람, 즉 기독교인이라면 모든 죄에 대해 사함을 받았다. 하지만 죄는 계속해서 우리의 삶에 영향을 미친다.

> "만일 우리가 죄가 없다고 말하면 스스로 속이고 또 진리가 우리 속에 있지 아니할 것이요" (요한일서 1:8)

> "내가 원하는 바 선은 행하지 아니하고 도리어 원하지 아니하는 바 악을 행하는도다" (로마서 7:19)

죄의 영향은 결혼 생활까지 이어진다. 하나님을 경외하는 결혼, 견고한 결혼을 세우기 위해 애를 쓰는 기독교인조차도 결국 자신들의 힘만으로는 불가능하다는 것을 깨닫는다. 하지만 하나님께서 도와주신다면 이들의 노력은 빛을 발할 수 있다. 항상 하나님의 자비로우신 계획안에서 매 순간 살아가는 기독교인이라면 성령님께서 그들의 결혼 생활에 임하실 것이기 때문이다.

자기중심적인 기독교인

많은 기독교인이 자신의 힘으로 기독교적인 삶을 살아가는 일을 어려워한다. 바로 하나님께서 자신들의 인생에 개입하는 걸 원치 않기 때문이다. 이들이 지닌 관심사는 모두 스스로에게서 비롯된 것이기 때문에 종종 실패와 좌절로 이어지기도 한다.

> "형제들아 내가 신령한 자들을 대함과 같이 너희에게 말할 수 없어서 육신에 속한 자 곧 그리스도 안에서 어린 아이들을 대함과 같이 하노라 내가 너희를 젖으로 먹이고 밥으로 아니하였노니 이는 너희가 감당하지 못하였음이거니와 지금도 못하리라 너희는 아직도 육신에 속한 자로다 너희 가운데 시기와 분쟁이 있으니 어찌 육신에 속하여 사람을 따라 행함이 아니리요" (고린도전서 3:1~3)

자기중심적인 기독교인은 풍요롭고 풍족한 크리스천의 삶을 경험할 수 없다. 이러한 사람들은 기독교적인 삶이 자신의 노력으로 이뤄질 수 있다고 믿는다. 이는 하나님의 사랑과 용서, 그리고 그분의 권세에 대해 알지 못하거나 잊어버렸기 때문이다. 이들은 다음과 같은 모습을 보인다.

- 기복이 심한 영적 경험을 겪는다.
- 자신을 이해하지 못한다. 옳은 일을 하고 싶지만, 하지 못한다.
- 기독교적 삶을 살기 위해서는 성령의 힘에 의지해야 하지만, 실패한다.

다음은 하나님을 전심으로 믿지 않는 기독교인의 특징이다.

불복종	질투
하나님과 이웃을 향한 사랑 부족	걱정
일관성이 없는 기도 생활	비판적
성경 공부에 대한 갈망 부족	목적의식 부족
형식적인 태도	쉽게 좌절하고 낙심함
불순한 생각들로 가득 참	

스스로 기독교인이라고 주장하지만, 계속해서 죄를 짓는 사람은 기독교인이 될 수 없다는 것을 깨달아야 한다. 이와 관련된 내용은 요한일서 2:3, 3:6, 3:9, 에베소서 5:5를 참고하라.

성령 충만한 기독교인

자신의 삶 안에서 그리스도를 왕으로 영접하는 기독교인은 하나님의 이끄심에 복종한다. 그리고 이러한 사람들은 성령으로 비롯된 관심사를 갖고 있으며 하나님의 계획과 조화를 이루는 삶을 살게 된다.

> "오직 성령의 열매는 사랑과 희락과 화평과 오래 참음과 자비와 양선과 충성과 온유와 절제니 이같은 것을 금지할 법이 없느니라"
> (갈라디아서 5:22~23)

예수님께서는 다음과 같이 말씀하셨다.

"… 내가 온 것은 양으로 생명을 얻게 하고 더 풍성히 얻게 하

려는 것이라" (요한복음 10:10)

"나는 포도나무요 너희는 가지라 그가 내 안에, 내가 그 안에 거하면 사람이 열매를 많이 맺나니 나를 떠나서는 너희가 아무 것도 할 수 없음이라" (요한복음 15:5)

"오직 성령이 너희에게 임하시면 너희가 권능을 받고 예루살렘과 온 유대와 사마리아와 땅 끝까지 이르러 내 증인이 되리라 하시니라" (사도행전 1:8)

다음은 성령님이 임하시는 우리의 삶 안에서 자연스럽게 나타나는 특징이다.

그리스도 중심적	하나님의 말씀 공부	사랑	인내
성령의 임하심	하나님을 의지	기쁨	친절
이웃에게 복음 전파	하나님께 복종	평화	선량
기도에 전념	신실	온유	절제

크리스천의 삶에서 얼마나 작은 부분까지 주님께 올려드리고, 주님 안에서 얼마만큼 성장하느냐에 따라 위에서 언급한 특징이 나타난다. 성령의 사역을 이제 막 이해하기 시작한 사람이라면, 자신의 삶이 더 오랜 시간 진리를 깨닫고 경험해 온 성숙한 크리스천의 삶만큼 풍족하지 않더라도 낙심할 필요는 없다.

하나님께 통제권 드리기

예수님께서는 성령님의 권능과 이끄심을 따른다면 풍족한 삶을 얻게 될 것이라고 말씀하셨다. 우리가 우리의 삶의 통제권을 하나님께 올려드리면 그리스도께서 성령님의 권능을 통해 우리 안에 거하시게 된다.

여러분이 진정으로 하나님의 권능과 이끄심대로 살아가기 원한다면, 지금 여러분 삶의 통제권을 성령님께 넘겨드리자. (마태복음 5:6, 요한복음 7:37~39)

먼저 하나님께 여러분의 죄를 고백하고, 여러분 삶에서 반복되어온 그 죄에서 벗어나고 싶다고 하나님 앞에서 인정하자. 예수 그리스도께서 십자가에 달려 돌아가심으로써 여러분의 죄를 모두 사하여 주신 것을 믿음 안에서 하나님께 감사드리자. (골로새서 2:13~15, 요한일서 1:9, 2:1~3, 히브리서 10:1~18)

하나님께 여러분 삶의 모든 영역을 올려 드리도록 하자. (로마서 12:1~2) 여러분이 지키고 싶은 삶의 영역이 어떤 것인지 살펴보고, 이러한 영역 또한 하나님께 통제권을 내어 드리도록 하자. 그리고 믿음으로 성령님의 이끄심과 권능에 따라 살아가도록 하자.

> "내가 이르노니 너희는 성령을 따라 행하라 그리하면 육체의 욕심을 이루지 아니하리라 육체의 소욕은 성령을 거스르고 성령은 육체를 거스르나니 이 둘이 서로 대적함으로 너희가 원하는 것을 하지 못하게 하려 함이니라" (갈라디아서 5:16~17)

> "그를 향하여 우리가 가진 바 담대함이 이것이니 그의 뜻대로 무엇을 구하면 들으심이라 우리가 무엇이든지 구하는 바를 들으시는 줄을 안즉 우리가 그에게 구한 그것을 얻은 줄을 또한 아느니라" (요한일서 5:14~15)

기도로 믿음 고백하기

기도는 하나님께 여러분의 믿음을 고백하는 하나의 방법이다. 다음 주어진 기도문이 여러분의 진실한 마음을 반영하고 있다면 해당 기도문을 통해 기도해 보고, 그렇지 않다면 여러분의 생각을 직접 여러분의 말로 고백해 보도록 하자.

하나님, 저는 하나님이 필요합니다. 지금까지 저는 제 방식대로 삶을 이끌어왔고, 그 결과로 하나님의 뜻을 거스르는 죄를 지어왔습니다. 그리고 예수님께서 십자가에 달려 돌아가심으로 저의 죄를 사해주신 것에 감사드립니다. 이제 예수 그리스도를 저의 삶 가운데 가장 높으신 분으로 섬기겠습니다. 제가 믿음으로 간구하면 그렇게 해주시겠다고 약속하신 것처럼, 성령님을 통해 저의 삶을 통제해 주세요. 제 삶을 이끌어 주심에 감사드리고 성령님을 통해 저에게 능력을 더하여 주심에 감사드립니다.

성령 안에서 걷기

여러분의 삶의 부분 중 어떠한 태도나 행동이 하나님을 기쁘게 해드리지 못하고 있다는 것을 깨달았다면, 죄를 고백하고 예수님께서 십자가에 달려 돌아가심으로 여러분의 죄가 사해졌음에 감사드리자. 믿음으로 하나님의 사랑과 용서를 받아들이고 그분과의 동행을 계속해나가면 된다.

만약 불순종과 같은 죄를 통해 여러분이 다시 삶의 통제권을 가져왔다면, 다음 '영적 호흡'을 따라 해보면서 하나님께 다시 통제권을 올려 드리도록 하자.

- 숨을 내뱉자. 그리고 여러분의 죄를 고백하자. 하나님의 뜻을 거스르는 죄를 지었음을 인정하고, 그럼에도 불구하고 요한일서 1장 9절 말씀과 히브리서 10장 1~25절 말씀처럼 여러분을 용서해 주시는 하나님께 감사드리자. 죄를 고백하는 것에는 회개도 포함되어 있음을 기억하자. 그리고 여러분의 태도와 행동을 변화시키겠다고 다짐하자.

- 숨을 들이마시자. 삶의 통제권을 주님께 내어드리고, 성령님께 여러분의 삶을 한 번 더 부탁드리자. 그리고 갈라디아서 5장 16~17절과 요한일서 5장 14~15절 말씀에 따라 하나님께서 이제 여러분의 삶을 이끄시고 힘을 주시며 능력을 더하여 주실 것을 믿자. 하나님을 향한 믿음을 회복함으로써 그분의 사랑과 용서를 계속해서 경험할 수 있을 것이다.

결혼의 혁신

하나님께 여러분의 삶을 새로이 올려드리면서 여러분의 결혼 생활도 풍요로워질 것이다. 여러분이 어떤 것에 전념하고 있는지 배우자와 함께 나눔으로써 여러분의 믿음은 한 단계 더 성장할 것이다. 성령님께서 여러분 안에서 일하고 계심을 보여주면서 여러분의 배우자 역시 여러분과 같은 헌신을 하고 싶다는 마음이 들 수도 있다. 만약 여러분과 배우자 둘 다 성령님께 삶의 통제권을 드렸다면, 여러분은 하나님 앞에서 진실하기 위해 서로를 도와줄 것이며, 여러분의 결혼 생활에 큰 혁신을 가져올 것이다. 하나님께서 여러분의 삶을 이끌어 주시기 시작하면서 여러분은 굉장한 경험을 하게 될 것이다.